# 心の持ち方
## 完全版

ジェリー・ミンチントン

弓場 隆 訳

ディスカヴァー
携書
149

# はじめに

多くの人は、自分の人生にポジティブな変化をもたらしてくれるものを絶えず探し求めている。

本書はその要望にこたえるための本だ。ビジネスをはじめとして、何をするうえでも成功するのに役立つ、心の持ち方のヒントを伝授しよう。

本書は全部で92項目から成り立っている。人生にゆとりをもたらすのに役立つ項目もあれば、日常生活で直面している障害を取り除くのに役立つ項目もある。どの項目にも共通するのは、人生を豊かにすることを目的として書かれているということだ。

本書は、いろいろな味のキャンディが入った詰め合わせのようなものだ。最初から順番に楽しむこともできれば、気分に合わせて好きな項目を選んで楽しむこともできる。どの項目にも独特の味わいを持たせてある。

各項目の終わりにはポイントが明記されている。そこに書かれた文は、その項目のねらいを端的に表している。手帳に書き写すなどして、積極的に活用してみてほしい。

あなたにとっての答えが本書の中に見つかることを心から願っている。

ジェリー・ミンチントン

# 心の持ち方　完全版　もくじ

# 1 自分を大切にする

# 2　ネガティブな考えや人から離れる

## 3 楽観的になる

## 4　目標に向かって進む

# 5 自分らしく生きる

# 6 よい人間関係をつくる

# 1 自分を大切にする

# 1 自尊心を高める

自尊心を高めることは誰にとっても大切なことだ。ところが、多くの人は自尊心について誤解している。ここで、自尊心について簡単に説明しておこう。

①人々は「自尊心を持つことは傲慢やうぬぼれにつながる」と考えている。しかし、それは違う。自尊心の高い人は傲慢やうぬぼれとは無縁である。いっぽう、他の人が傲慢であったりうぬぼれていたりしても平気である。

②「自尊心の高い人は自己中心的だ」というのも誤解だ。「自己中心的である」ということと、「自尊心が高い」ということは正反対なのだ。自己中心的な人は称賛を求めるが、

自尊心の高い人は称賛を求めない。自分の価値を信じているから、他人からの称賛など必要としていないのである。

③「自尊心の高い人は、自尊心の低い人を見下す傾向がある」というのも、まったくの誤解だ。自尊心の高い人は決して威張ったりせず、誰に対しても敬意を持って接する。

④自尊心は人生のすべての側面に影響をおよぼす。だからこそ、自尊心を高めることは、最も重要なことのひとつなのだ。人は、自分の価値を信じて自分のことを好きになればなるほど、ますます幸せを感じるようになるのである。

**自尊心とは傲慢になることではなく、自分の価値を信じることだ。自尊心を高めれば幸福感が増す。**

# 2 ニセの自尊心に気をつける

健全な自尊心を持っていない人は、さまざまな方法で自分自身に対する感情を改善しようとする。しかし残念ながら、それはうまくいかない。たとえば、こんな方法だ。

①高価な物を所有する
②他人に対して威張ったり支配したりする
③多くの人に好かれたり認められたりしようとする

高価な物を所有することはなんら間違っていないが、そうすることによって自尊心によい影響を与えることはできないし、他人に対して権力を行使したり支配したりしても、一時的に権力欲や支配欲が満たされるだけだ。また、多くの人に好かれたり認められたりしても、人気者や八方美人になれるだけで健全な自尊心が育つわけではない。

以上の三つの方法はニセの自尊心を与えてくれるだけで、長期的に見ると気分がよくなるわけではない。というのも、それらは外部からの働きかけにすぎないからだ。健全な自尊心とは、自分の内部で明るく輝き続ける灯りのようなものでなければならない。

健全な自尊心を育てる唯一の方法は、読書や講演の聴講などを通じて人間に関する真理を学び、自分自身について考察することだ。そうすれば、それまでのあなたとは違う、はるかに幸せな人物になることができるだろう。

**物や権力を得ることで自尊心を高めようとしても、一時的なもので終わる。読書などを通して人間に関する真理を学び、自分自身について考察しよう。**

# 3 自分の自尊心は自分で育てる

私たちが暮らしている社会は非難好きな社会だ。たとえば、何かよくないことが起こると、すぐに「犯人」を突き止め、「あの人がやった」と非難する。

自分の自尊心が低いことに気づいたら、私たちは誰を非難するだろうか？　自分を育てた人たちや教えた人たちだ。

私たちは「育て方が悪い」「教え方が悪い」と言って親や教師、周囲の大人に責任をなすりつける傾向があるが、それは建設的な態度ではない。彼らは自分の自尊心の度合いに応じて、自分が正しいと思ったことをしただけなのだ。

過去を変えることはできない。しかし、未来のことなら、心がけしだいでなんとでもなる。

明るい未来を切り開くために、次のふたつのことをしよう。

①自分の自尊心を育てて他人のお手本になる

②自分が教え育てている人の自尊心が向上するような接し方をする

**自分の自尊心が低いのは誰のせいでもない。**
**自尊心は自分で育てる責任がある。**

## 4 子どものころに受けた評価に左右されない

「自分は無価値な人間だ」と思っている人があまりにも多い。しかも、自分がそう思っていることに気づいていないことも多いのだ。しかし、自分で気づいているかどうかとは関係なく、そのような考えは自分自身を害するものである。

私たちの行動パターンがどのように出来上がったのかというと、その大部分は子どものころに受けた、親や教師といった権威者による教育の結果である。権威者は私たちよりたいてい大きくて、強くて、賢かったので、私たちは「彼らを信じることが自分の最大の利益になる」と思い、実際にそうした。

しかし残念ながら、一部の権威者は自尊心が低く、「自分は無価値な人間だ」と思っていた。一般に、人間の言動は、その人の自尊心の度合いに左右される。権威者は、自分が子どものころに言われたのと同じことをあなたにも言ったにすぎない。

さあ、ここではっきりさせておこう。彼らのネガティブな意見は彼ら自身に向けられたものであって、あなたとは何の関係もないのだ。

いつまでもそれに引きずられている必要はない。地球上のすべての人は、平等に価値のある存在である。自尊心を高めれば、それが真理であることがわかるはずだ。その気になれば、このテーマに関する多くの本がある。それを読むことは、最も重要な一歩となるだろう。

**「自分は無価値な人間だ」というのは、子どものころに植えつけられた根拠のない思い込みにすぎない。**

# 5 自分を大切にする

自分を大切にするための心得を紹介しよう。

①たとえどれほど大きなミスでも、自分のミスはすべて許す。人は誰でもミスを犯す。常にミスを避けることができるのは完璧な人だけだが、完璧になることができた人は、いままだかつて一人もいない。私たちにできるのは、常に自分を向上させることだ。

②どんなことがあっても自分を責めない。一部の人たちは他の人から責められることがあまりにも多く、たとえ誰からも責められなくても、内なる批判者がその仕事を代行する。あなたにもそういう傾向があるなら、まったく非生産的なこの習慣を捨てるよう心がける

べきだ。

③堂々と自分をアピールする。私たちは「自分をアピールしたり自分の技能について話したりすることは、自慢であり愚かなことだ」と教えられて育った。しかし、それは違う。誰かが発見してくれることを期待してじっと待っているなら、誰にも発見されずに生涯を終えることになりかねない。

④自分が世界で最も重要な人物であることを心に刻む。自分のニーズにもっと目を向けるべきだ。あなたは自分の健康と幸福について責任を負っている。自分を大切にしないような人が、他の人を大切にすることができるだろうか？

**自分のミスを許し、自分を責めず、自分をアピールし、自分が世界で最も重要な人物であると信じる。**

# 6 自分の能力を周囲にきちんと伝える

ほとんどの人は控えめで恥ずかしがり屋なので、自分の才能や技術を周囲の人に知らせようとしない。「何かが得意でも自慢せずに謙虚になれ」としつけられて育っているからだ。「自慢話が好きな人は嫌われる」と教えられた人も多いことだろう。中には自分の能力について話そうとせず、誰かが代わりに言ってくれることを期待している人もいる。しかし、誰もそんなことをしてくれないので、結局、がっかりすることが多い。

「自慢をすること」と「自分の能力をありのままに評価して伝えること」の間には大きな違いがある。あなたのしていることがどちらなのかは、状況によって異なる。

自慢屋は過去の栄光に浸りたがる傾向があり、同じ話を何度も繰り返す。たしかに、過去に大成功したのは事実かもしれない。しかし、人間にとって大事なのは「今」と「これから」だ。いっぽう、自分の能力を正確に表現することは、自慢とはまったく違う。事実を誇張せずにありのままに述べることは決して間違ってはいない。

分野に関係なく、社会に役立つ才能や技術を持っているなら、恥ずかしがらずにそれを人に知らせるべきだ。何かがうまくできるかどうかを尋ねられて、うまくできる自信があるなら、「はい、できます」と正直に答えよう。何に習熟していようと、それを秘密にしておいてはいけない。

**自分の能力を話すことは自慢とは違う。変に隠さず、社会に役立てるためにありのままに人に伝えるべきだ。**

# 7 ほしいものははっきりと伝える

あなたは、自分のほしいものを相手に要求することを恐れてはいないだろうか？　最も一般的な理由をあげよう。

①「相手は私が何を求めているかをすでに知っているはずだから、私はそれを求めるべきではない」。ある意味でこういう姿勢は立派ではあるが、不合理な考え方であり、失望以外に何も得られない。

②「弱みを見せることになるような気がする」。しかし、そのために、自分が助けを必要としていることを認めることができない。

③「欲を抑えることで人格が磨かれると思い込んでいる」。しかし、ほしいものを持たないことによって精神的に豊かになることはない。こういう馬鹿げた考え方は、「人生とは苦しいものだ」という考え方から来ているのかもしれない。

④「断られるのが怖い」。要求を断られるとプライドがひどく傷つき、無力感にさいなまれる。

以上の理由は、どれも正当性がない。自分の要求が理にかなっているなら、堂々とそれを伝えよう。自分のほしいものをはっきり伝えれば、相手は助けてくれるものだ。

**自分のほしいものを相手に要求することは、きわめて正当で、合理的だ。**

## 8 自分が多くのものを持っていることに感謝する

自分のほしいものが手に入らないと不満を感じることがよくある。「人生は不公平だ」と思うからだ。そして周囲を見回すと、自分の持っていないものを持っている人たちがいることに気づき、「自分は損をしている」と感じるのである。

この問題には完璧な解決法がある。それは、感謝の気持ちを持つことだ。ゆったりすわって自分の周囲を見回そう。ほとんどの人は便利で素晴らしいものに囲まれて暮らしている。なのに、その生活にすっかり慣れてしまっているので、取り替える必要が生じないかぎり、そのことについて真剣に考えないのである。

心の中で感謝すべきことをリストアップするといい。家庭、家族、友人、衣服、食料、健康、仕事から始めて、暮らしを便利にしてくれているものについてひとつずつ考えてみよう。誰もがそれを持っているわけではないから、もし自分がそれを持っているなら、あなたはそのことに感謝すべきだ。

感謝の対象は、必ずしも有形のモノとはかぎらない。どこにいようと、周囲を見回せば感謝の対象が必ず見つかるはずだ。雄大な夕日、うららかな一日など、いくらでもある。

感謝の気持ちを常に抱くことを心がければ、所有物の多い少ないにかかわらず、自分がいかに恵まれているかが実感できるはずだ。

**自分の周囲の有形無形のものに目を向け、それらに恵まれていることに感謝すれば、人生への不満は消える。**

# 9 基本的な権利を主張する

あなたには人としての基本的な権利がある。たとえば、このようなものだ。

- 正直かつ公平に扱ってもらう権利
- 自分の意見を表明する権利
- 公共の福祉に反しないかぎり、自由に行動する権利
- 不当な要求に対して「ノー」と言う権利
- 敬意を持って接してもらう権利

以上は、すべての人に認められるべき基本的な権利である。この中のどれかを侵害され

たと感じるなら、その対策を考えよう。

**人としての基本的な権利が侵害されたら、黙っていてはいけない。**

# 10 成功することを信じる

信じがたいかもしれないが、一部の人たちは成功を恐れている。なぜか？　たとえば、こんな理由だ。

①自分が打ち負かした人の反感を買うのが怖い
②成功者たちと肩を並べるのが怖い
③親の成功を超えたくない
④「自分は成功するだけの価値がない」と思い込んでいる

四番目の理由がいちばん多いと思う。「自分は無価値な人間だ」という思い込みにとらわれているかぎり、私たちは恩恵を素直に喜んで受け取ることができない。自分の思い込みに反して成功をおさめると、とっさに自滅の道を選んでしまいさえもする。

この問題を解決する方法は何か？「自分には成功する価値がある」と確信できるくらいにまで自尊心を高めることだ。健全な自尊心を持っている人は、「自分は人生のどの分野でも成功をおさめることができる」と考え、成功の恩恵を享受する価値が自分にあることを確信している。

**自尊心を高めて自分が成功することを確信すれば、必ず成功できる。**

# 11 批判を気にしない

誰かの言葉を耳にしたときに、「自分に向けられた批判だ」と思ったことはないだろうか？　もしあるとすれば、たいていの場合、その原因は、あなたが問題を抱えて精神的に疲れているために極度に傷つきやすくなっていることにある。

今度、誰かの言葉を聞いて「自分に向けられた批判だ」と思ったとき、対処法はふたつある。

①「それは自分に向けられたものではない」と結論をくだす
②それが明らかに自分に向けられたものなら、それを拒絶する

②について補足しておこう。批判されたからといって、それを受け入れる必要はないのだ。人々はそのときの気分しだいで好き勝手なことを言うものである。あなたがそれにいちいち同意する必要はまったくない。

**人の言葉を自分への批判と思う必要はない。もし批判であったとしても、受け入れる必要はない。**

# 12 自分の不完全さを認める

多くの人は「あらゆる点で完全でなければならない」と教えられて育った。しかし残念ながら、絶えず完全をめざすように言われると、かえって自分の不完全さを意識させられて自尊心が低下する。

私たちは自分について不満を抱きがちだ。たとえば、「よくミスをする」「わがままだ」などなど。実際、自分の不完全な部分をあげるとキリがない。

自分の不完全さを認めるのは辛い。だから、私たちは自分が完全であるふりをし、周囲の人たちにもそのように思い込ませようとする。しかし、その試みは必ず失敗する。ここで、三つの真実を指摘しよう。

①世の中の人は誰一人として完全ではない
②世の中の人は誰一人として今後も完全にはなれない
③あなたが完全である必要はまったくない！

自分はミスを犯しやすい不完全な人間であるが、それでいいのだということを理解しよう。そのためには、次のことをよく覚えておく必要がある。

①自分の不完全さを認めることは、弱みではなく強みである
②不完全さは人間の証しである
③自分の不完全さを受け入れる必要がある

**世の中に完全な人など存在しない。**
**自分の不完全さを認め、受け入れよう。**

# 13 人の身体的特徴はみな違うという事実を受け入れる

私たちの外見は、色、形、大きさの点で千差万別である。実際、皮膚や髪の毛の色はさまざまだし、頭や足、鼻の形もそうだ。身長、体重、体型にも著しい個人差がある。自然は人間に多様性を与えた。したがって、私たちの身体が人によって色、形、大きさが違うのは当然である。それらの身体的特徴が寄せ集まって無限の組み合わせをつくり出している。だから、人間の外見はすべて異なっているのだ。

私たちの身体的特徴に関する事実を指摘しよう。

①健康上の問題がないかぎり、どのような身体的特徴にも優劣はない

②どのような身体的特徴も完全ではない

③どのような身体的特徴も不完全ではない
④完全な肉体というものはない

おそらく、あなたも他人と比較して自分の身体的特徴をネガティブに評価しているかもしれないが、それは無意味である。今のままの自分がちょうどいいのだ。

**人の身体的特徴は一人ひとりみな違い、どんな特徴にも優劣はない。今のままの自分がちょうどいい。**

# 14 人に認められようとしない

あなたは人に好かれると気分がよくなり、人に好かれないと気分が悪くなるだろうか？もしそうなら、それは考えものだ。

いつも人に好いてもらうためには、いつも相手の望みどおりに行動しなければならない。これには膨大な時間と労力が必要になり、割に合わない用事を次から次へとさせられるはめになる。当然、生活にも支障をきたす。あなたが相手の望むことをしないなら、相手は手のひらを返したように冷淡な態度をとる。さらに具合の悪いことに、いったん相手があなたのこういう性格を知ると、あなたを思いどおりに操ろうとする。

人に認められたいという願望は一種の中毒であり、麻薬の常用と似た危険をはらんでいる。一定量を服用し続けないかぎり、気分が悪くなって自己嫌悪におちいるからだ。人に認められようと躍起になって日々を過ごすのは、たいへん疲れる生き方だ。

人に認められようとする習慣をやめるには、どうすればいいだろうか？　確実な方法はひとつしかない。自尊心を育てることだ。自分で自分を認めれば、もはや人に認められる必要を感じなくなる。

**人に認められようとして過ごすのは疲れる生き方だ。自分で自分を認めれば、人に認められる必要を感じなくなる。**

# 15 自分の価値に気づく

あなたは自分をどれくらい価値のある人間だと思っているだろうか？

①たいへん価値がある
②それなりに価値がある
③少し価値がある
④ほとんど価値がない
⑤まったく価値がない

さて、あなたの自己評価はどれに該当するだろう。

ほとんどの人は子どものころに、「なんらかの技能や知識、財産を持った人たちは、そうでない人たちより価値がある」と教わった。

その考え方は正しかっただろうか？　たしかに技能や知識、財産を持つことは大切かもしれないが、それは特定の状況でのみあてはまることである。日常生活では、人はみな、同等の価値がある存在なのだ。

あなたを含めてすべての人は、毎日、さまざまな方法で世の中に貢献している。ただ、その貢献があまり目立たないので、誰も気づかないだけなのだ。しかし、誰かが気づくかどうかとは関係なく、あなたの世の中への貢献は価値がある。

**技能や知識、財産を持つ人が**
**そうでない人より価値があるわけではない。**
**誰もが同等の価値を持つ存在なのだ。**

# 16 自分を無条件に愛する

自分では気づいていないかもしれないが、あなたは自分を愛するかどうかを人生のある時点で決定している。たとえ自分で意識していなくても、無意識にその決定をしている。

自分を愛していないことは、たいへん辛い。自分を愛していない人は、自分をさんざん罵倒するだけでは物足りず、他人を絶えず批判してしまう。

それに対し自分を愛することは、たいへん楽しい。自分を愛する人は、自分を受け入れる。自分のミスにこだわらず、教訓を学びとって前向きに生きる。不可能な夢を持たず、可能な夢に向かって努力する。毎日を贈り物として歓迎し、最大限に活用する。

世の中はときにはひどい仕打ちをするものだが、自分を愛している人は、自分の価値を正しく認識し、自分に優しくすることができる。

自分を愛そう。自分のためにも、他人のためにも。

**自分を愛していないと、他人にも批判的になる。**
**自分を愛する人は、前向きに努力して**
**毎日を楽しく生きていける。**

# 17 自分を最優先する

自分を一〇〇パーセント愛することは、たいへん大切である。しかし残念ながら、多くの人は自分をそれほど愛していない。自分より他人の幸せを優先するようにしつけられていなければ、もっと自分を愛することができるのだが。

私たちが学んできた間違った考え方とは、次のようなものだ。

- 自分の意見より相手の意見を尊重せよ
- まず相手を満足させてから自分を満足させよ
- 相手のニーズは自分のニーズより重要だと考えよ
- 相手の感情は自分の感情より重要だと考えよ

自分より相手を優先すると、自分のニーズを軽んじてしまいやすい。その結果、相手に利用されているように感じ、被害者意識を持つようになる。このプロセスを注意深く眺めれば、私たちがどれほど他人のニーズを優先しても、他人が同じように私たちのニーズを優先してくれるわけではないことに気づくはずだ。

自分より他人のほうが大切だと考えるのは悪い習慣だから、ぜひとも断ち切るべきだ。もちろん、他人が助けを必要としているときに力になることは間違っていない。しかし、そのためには、まず自分を大切にする必要がある。自分を大切にしないような人は、誰の力にもなれないからだ。したがって、あなたの人生の中で最も大切にすべき人は、ほかならぬあなた自身である。

**自分より他人のほうが大切だと考えるのは悪い習慣だ。自分を大切にしない人間は、誰の力にもなれない。**

# 18 自己主張をする

相手の意見に賛成できないとき、あなたは堂々と自分の意見を言えるだろうか？　ほとんどの人はそれをしない。幼いころから「素直になりなさい」「人には感じよく接しなさい」としつけられてきたために、自己主張をするより相手を喜ばせることを優先する癖がついているからだ。

私たちは、相手の望みどおりに行動すれば好いてもらえるが、相手の望みを断れば嫌われるのではないかと恐れている。自分について気分がよくないために、相手に好いてもらうことによって自分の気分をよくしようとする。

しかし、それはあまりいい考え方ではない。自分の自尊心を他の人にゆだねることになるからだ。私たちは相手を喜ばせることではなく、自分をもっと愛することを学ばなければばならない。そうすれば、おのずと自己主張ができるようになるだろう。

自己主張とは、どういう意味だろうか？　ともすると、強情、好戦的、わがままと解釈されがちだが、そうではない。相手の意見を尊重すると同時に自分の意見も大切にし、それを素直に表現する。それが本当の意味の自己主張だ。

**自己主張はわがままではない。**
**相手の意見を尊重すると同時に自分の意見も大切にし、**
**素直に表現することが本当の自己主張だ。**

# 2

# ネガティブな考えや人から離れる

# 19 自分を人と比較しない

小さいころに他の子どもと比較されずに育った人はまずいない。実際、私たちがよくなることを願っていた人たちは、私たちを他の優れた人と比較してきた。

比較は、親や教師といった権威者が好んで使う方法のひとつだ。どのような特徴を比較するときでも、模範例がいつも準備され、「あの子はお前より勉強ができる」「お前より素直だ」といったセリフが使われた。

権威者の意図は私たちを向上させることだったが、このような比較の仕方は最悪だ。まず、「自分はダメな人間だ」という気分にさせる。次に、自分の能力に疑問を感じるようになり、劣等感の原因になる。このふたつの感情のために、私たちはみじめな気分でいっぱいになるのだ。

さらに悪いことに、権威者にこのようなやり方でしつけられた結果、比較する習慣が身についてしまった。そのために、私たちはいつも自分を他の人たちと比較している。服装や仕事、収入、家族、マイカー、運動能力など、ありとあらゆる特徴について、私たちは自分を周囲の人々と比べる。

自分より優れていない人と比較すると気分がよくなる。その反対に、自分より優れている人と比較すると気分が悪くなる。これで感情のバランスがとれるように思えるかもしれないが、そうではない。

自分を他の人たちと比較する習慣をやめよう。他のあらゆる悪い習慣と同じで、比較する習慣もやめることができるのだ。

**比較はみじめな感情を呼ぶ。**
**自分を人と比較する習慣はもうやめよう。**

# 20 人の目を気にしない

あなたは日ごろ、自分が人にどう思われているか気になるだろうか？　ほとんどの人は幼いころから「人にどう思われるか考えなさい」としつけられてきたために、自分が人にどう思われているかを絶えず気にしながら大きくなった。しかし残念ながら、そのために人生が不必要に退屈になってしまっている。

はたして他人の意見はそれほど重要なのだろうか？　それを決めるのは、あなた自身だ。

あなたにとって世の中の人々は、次の二種類に分けることができる。

①あなたが満足させなければならない人たち。彼らは、あなたがほしいものや必要としているものを提供してくれる存在である。自給自足の生活を送ることは事実上不可能だから、

あなたは彼らになんらかの点で頼らなければ生活していけない。したがって、自分に必要なものを提供してくれる人たちとは良好な関係を維持する必要がある。

②あなたが満足させなくてもいい人たち。彼らは、あなたがほしいものや必要としているものを提供してくれる存在ではない。もちろん、そういう人たちに失礼な振る舞いをしてもいいということではない。私たちは誰に対しても人間として最低限の礼儀と敬意を持って接するべきだ。

すべての人に認められたからといって、よりよい人間になれるわけではない。たんに人気者になれるだけだ。

**人の目を気にしすぎると、人生が退屈になってしまう。**
**すべての人に認めてもらう必要はないことを理解しよう。**

# 21 ねたみを断つ

自分がほしかったのに手に入れることができなかったものを持っている人を見たとき、あなたはどういう気持ちになるだろうか？　その人を祝福したくなるだろうか、ねたみを感じるだろうか？　ねたみは醜悪で不健全な感情だ。その理由は三つある。

①自分が持っていないものにこだわることは、心の中に「欠乏意識」をつくり出す。この感情に固執するかぎり、ますます不足感に悩まされる。

②ねたみは不満につながる。すでに十分持っているのに、人をねたむと、「自分ももっとほしい」という気持ちになる。

③うっとうしい人間になる。ほとんどの人は、いつも不平を言う人といっしょにいたくは

ない。あなたはそういう人といっしょにいたいだろうか？

では、ねたみを根絶するのに役立つ考え方を紹介しよう。

①うらやましいと思う相手から学ぶ。その人はあなたのほしいものをどうやって手に入れたのか？　どういう資質と行動がそれを可能にしたのか？
②ねたみを野心に変える。自分のほしいものを持っている人をうらやむのではなく、自分もそれを手に入れるために努力するほうが建設的だ。
③他人の成功を祝福する。成功を祝う気持ちが強ければ強いほど、自分も前向きに行動するようになり、成功する可能性が高くなる。

**ねたむのではなく、学び、努力し、他人の成功を祝福しよう。**

# 22 被害者意識を持たない

自分を哀れんでいるかどうか、どうすればわかるだろうか？　心の中で話している内容に耳を傾けるといい。「たら・れば」という表現をよく使っているなら、おそらく自分を哀れんでいる。

自分を哀れんでも何の得にもならない。たいていの場合、事態を悪化させるだけだ。やがて周囲の人々は、あなたの不幸な身の上話にうんざりして去っていくだろう。たとえ最初は被害者意識を持っていなくても、自分を哀れんでいるうちに「自分は被害者なのだ」と思い込むようになる。

自分を哀れんでいることに気づいたら、次のことをするといい。

①ボランティアとして働く。自分の人生観を変えるためには、自分より恵まれていない人たちを助けることが役立つ場合もある。

②気分転換をするために、いつもと違うことをする。人間は飽きっぽい。新しいことをすると、気分が一新する。

③感謝の気持ちを持つ。今まで見えなかったことが見えてくるはずだ。

④周囲の人を助ける。自分のことばかり考えずに、人に手を差し伸べよう。

自分を哀れむだけのエネルギーがあるなら、過去を悔やむのではなく未来を明るくするためにそのエネルギーを役立てよう。不平不満を言って時間を浪費するには人生は短すぎる。いやなことは誰の身にも降りかかるが、文句を言うかどうかは自分しだいなのだ。

**自分を哀れむのはやめて、その分のエネルギーを未来を明るくするために使おう。**

# 23 悪口を言わない

あなたの周囲には、他人の批判をしたり悪口を言ったりするのを楽しんでいる人がいないだろうか？　たいてい、そういう人がいるはずだ。彼らはそれをさまざまな理由でしているように見える。相手を驚かせることが目的の人もいれば、楽しませたり笑わせたりすることが目的の人もいる。

本人はおそらく自覚していないのだろうが、この種の言動は、問題を抱えているのが自分自身であることを世間に公表するようなものだ。問題とは、たとえば、自尊心が低いことや不安を抱えていることである。こういう人は知らず知らずのうちに、「他人がどれだけ悪いかを指摘すれば、自分が相対的によく見える」と考えている。

だから、他人の弱点や欠点を探し求めようとする度合いによって、その人の自信のなさを推測することができるのである。

他人の批判をしたり悪口を言ったりすると、そうしている間だけは他人の欠点に意識を向けることによって自分の不安をやわらげることができるかもしれない。だが、その効果はあまり長くは続かない。批判や悪口が終われば、自尊心はとたんに元のレベルに低下するからだ。

他人の批判をしたり悪口を言ったりするのは、低い自尊心に原因がある。したがって、問題を解決するには、自尊心を高めるために常に努力をする以外にない。自尊心の高い人は、他人の批判をして時間を浪費せず、その時間を有効に利用して建設的なことができる。

**人の悪口を言うのは、自尊心が低いからだ。自尊心を高める努力をして、時間を建設的に使おう。**

# 24 自分を利用しようとする人にだまされない

世の中には、相手に何かを無理やりさせるために巧妙に働きかける人たちがいる。彼らは、相手の心理を操作する達人だ。

心理操作をする人は、相手に特定の感情を抱かせ、相手に何かをさせようとする。相手がそれに服従すれば、「見かけだけの報酬」を与える。たとえば、次のような言い方がその典型だ。

「私の言うとおりにすれば、決して後悔しないよ」

「私の言うとおりにしてよかったとあとになって思うはずだ」

では、その報酬がどこに存在するのか？　それは、心理操作をする人の心の中にだけ存在する。

正当な要請と心理操作の違いを見抜くには、どうすればいいのだろうか？　正当な要請とは、それに同意すれば実質的な報酬が与えられることだ。心理操作の場合は、実質的な報酬がまったく与えられない。

他の人たちを利用しようとする人がいなければ、世の中はさぞかし住みやすくなるだろう。しかし、現実はそうはいかない。そこで、今後、心理操作をする人に利用されないようにするには、次のふたつのことを覚えておくといい。

・心理操作をする人は、実質的な報酬をまったく与えない。
・正当な報酬とは、あなたにとって価値のあるものでなければならない。

**自分を利用しようとする人を見抜くには、実質的な報酬を約束するかどうかが基準となる。**

# 25 愛を駆け引きの道具にしない

一部の人たちは「愛」という言葉をまるで駆け引きの道具のように使う。彼らは「愛とは他の人の行動をコントロールするための便利な道具だ」と思っているのだ。彼らがよく使う言い方を紹介しよう。

「私を本当に愛しているなら……してくれるはずだ」
「私のことを大切に思ってくれているなら……してくれてもいいのに」

こういうことを言う人は、本当の愛についてまったく理解していない。彼らは子どものころに無償の愛を得られず、何かをしたことの見返りとしての偽りの愛を得たのだろう。

そんな彼らが愛を駆け引きの道具として使うのは不思議でない。

これは、関わったすべての人が傷つき、誰も得をしない破壊的な心理操作である。このゲームの中では、愛されなかった人物が相手にも被害を与える。だまされやすい人さえ見つかれば、ほとんど何でも思いどおりに操ろうとする。結局、その人は自分の奉仕に対して一時的な感謝しか与えられず、さらに別の要求を突きつけられる。

やがて、被害者は自分が一方的に利用されただけで、自分の努力に対してほとんど何も受け取っていないことに気づいて去っていく。一人になった相手は、また別の人を探し求める。

もしあなたがこういう人に近寄られたら、「もしあなたが私のことを本当に愛してくれているなら、こんなことを頼まないはずです」と反論するといい。

**愛を駆け引きの道具に使う人とは距離を置こう。**

# 26 愛されることを求める前に、自分で自分を愛する

支配欲の強い人は精神的に不安定で、自分が愛されていないと感じ、恐れを抱いている。こういう人は幸せになろうとしても、その努力は徒労に終わる。間違った思い込みにとらわれているからだ。すなわち、「誰かを支配すれば精神的に安定し、愛されていることを感じられるはずだ」と思い込んでいるのである。

しかし、これがうまくいかないのは当然だ。ほとんどの人は支配されることを嫌う。遅かれ早かれ、人々は支配欲の強い人の心のすき間を埋めるために自分が使われていることに反感を抱くようになる。

支配欲の強い人は、もうひとつ間違った思い込みをしている。「誰かに愛されれば、自分を愛していないことの埋め合わせができる」という思い込みだ。私たちに必要な愛は、

誰かからもらうものではなく、内面から来るものである。

相手を支配しようとする愛は、本当の愛ではない。それは自己中心的な執着であり、自分が精神的に不安定な人間であることを世間に公表しているだけだ。

支配欲を捨てるにはどうすればいいか？　まず、外部の何ものも、一時的に自分のものにできたとしても、いつまでも永遠に所有することはできないと理解することだ。次に、自尊心を高めることだ。支配欲は精神的な不安定と恐怖心に起因するから、自尊心を高めれば支配欲はなくなるのである。

自己愛が自分に必要な唯一の愛であることに気づけば、自分が精神的に安定するために他の人の愛を必要としなくなる。支配欲の解決はこれでうまくいく。

**誰かに愛されることで幸せになろうとしても、うまくいかない。まず自分で自分を愛することが必要だ。**

# 27 ネガティブな人に惑わされない

あなたがいいアイデアを思いついたときに、それをからかう人はいないだろうか？　どれほどいいアイデアでも、彼らはあなたの心の中に疑念を芽生えさせようと躍起になる。

彼らは、あなたのアイデアがうまくいかない理由を次から次へと指摘する。それでもあなたがあきらめないなら、さらにまた別の理由を探す。「どうせやっても時間のムダだ」「賢い人がやってもダメだったのに、あなたがうまくいくはずがない」などと言う。こういうネガティブな人たちの発言に抵抗するには、かなり強い意志が必要だ。

彼らをよく観察すると、リスクを嫌うあまり成功とは無縁の人生を送っていることに気づく。にもかかわらず、自分は他人にアドバイスをする資格があると思い込んでいる。

そのようなネガティブな人たちには、どう対応すればいいのだろうか？　できるかぎり彼らとはつき合わないことだ。

ネガティブな人たちと議論をしても何も始まらない。むしろ、彼らの考え方を認めたうえで、「うまくいかないかもしれないが、ここであきらめたら悔いを残すことになるから、自分のアイデアを実行に移そう」と自分に言い聞かせるといい。

**いいアイデアであっても批判するネガティブな人は必ずいる。できるかぎり彼らとはつき合わないことだ。**

# 28 あざけりを真に受けない

不幸な人生を送っている人は、みじめな気持ちをあなたにも味わわせることによって、自分の気分をよくしようとする。

彼らはあなたの特徴をとらえて、気分を悪くさせようと躍起になる。あなたの容姿、しぐさ、話し方をからかうだけでなく、それ以外にもあざけりの対象をいくらでも見つける。

彼らのあざけりを真に受けると、恥ずかしくなって自尊心に悪影響を受ける。それに対し彼らの言葉をはねつけることは、自尊心を強くする。

あなたはそういう人たちにどう接するべきだろうか？　いちばんいいのは、なるべく無視することだ。彼らのあざけりをたわごとだと思うといい。できれば、彼らに同情するくらいの余裕を持ちたいものだ。問題を抱えているのは、あなたではなく彼らのほうなのだから。

**からかったりあざけられたりしても無視すればいい。**
**問題はあなたではなく、そういうことをする側にある。**

# 29 他人の欠点ではなく長所を探す

あなたの周囲には、他人を批判することに喜びを見いだしている人がいないだろうか？おそらく、いるはずだ。では、なぜ彼らはそんなことをしたがるのだろうか？

たいていの場合、それにはふたつの理由がある。

①自分の欠点を相手の目からそらしたい
②相手の欠点をあげつらうことで「自分の欠点は些細だ」と思いたい

他人の欠点を指摘して喜びを見いだした経験は、もしかするとあなたにもあるかもしれない。しかし、それは決して建設的な行動ではない。やはり、それ以外の選択肢を考えるべきだ。

こんな方法を試してみよう。他人についてネガティブな発言をしたくなったら、その人のポジティブな面を探してみるのだ。それを習慣にすれば、あなたの人生は劇的なくらい素晴らしい変化を遂げる。

次のことを胸に刻んでおこう。他人についてネガティブな意見を言うことは、自分についてネガティブな意見を言っているのと本質的に同じことである。自分の欠点に気づきながらも、相手の欠点をあげることで安心しているだけなのだから。

**他人を批判するのは自分を批判するのと同じだ。**
**他人の欠点をあげつらいたくなったら、**
**長所に目を向けよう。**

# 30 「ノー」と言う

私たちには使うのをためらっている言葉がある。その言葉とは、いったい何だろうか？それは「ノー」だ。

私たちは誰かに助けを求められると、気が進まないのに「イエス」と答えることがよくある。その理由は、「ノー」と言えば相手を怒らせてしまうと思っているからだ。しかし、それは正しくない。「ノー」と言ったからといって、そのこと自体が相手を怒らせるわけではない。一部の人たちは思いどおりにいかないと怒る癖があるというだけのことだ。

日ごろから「ノー」と言う練習をして人生をシンプルにしよう。「ノー」と言いたかったのに「イエス」と言ってしまった過去のさまざまな状況を思い描こう。その練習を繰り返せば、ごく自然に「ノー」と言えるようになるはずだ。

「ノー」と言ったら相手を怒らせてしまうというのは
思い込みにすぎない。
「ノー」と言う練習をして人生をシンプルにしよう。

# 31 他人の問題を引き受けない

あなたは、問題を抱えている人と深く関わりたいという誘惑にかられることがあるかもしれない。相手はお金にだらしない人であったり、自尊心の乏しい人であったりするため、あなたは相手の問題解決を手伝ってあげたくなる。しかも、相手はあなたの支援を歓迎する。

しかし、しばらく時間が経過すると、あなたは相手の問題はいっこうに解決されないばかりか、それが自分の問題になってしまっていることに気づく。解決方法を何度も示したにもかかわらず、相手はその問題を解決しようとしない。あなたは遅ればせながら、相手が自分で問題を解決するつもりなどなく、あなたに問題を解決させて高みの見物を決め込んでいることに気づく。

多くの人は、他の人の支援を歓迎し、自分がしたくないことを他人に手伝わせようとする。困ったことに、いくら私たちが熱心に教えても、彼らは積極的に学ぼうとしない。私たちが問題の解決を代行するかぎり、彼らは自分で取り組もうとはしないからだ。私たちがその人間関係に終止符を打てば、彼らは別の人を探して問題を解決してもらおうとする。

　あなたは自分の問題解決に専念したほうがいい。もし問題を抱えている人が本当にそれを解決したいと思っているなら、その人は自分で努力するはずだ。

**自分の問題を人に解決させようとしている人たちがいる。そういう人に巻き込まれてはいけない。**

# 32 人に頼まれてもウソはつかない

一部の人たちは自分の行動の結果を直視するのをいやがり、ウソをつく。彼らはそれを正当化するかもしれないが、それは臆病であり、自分がしたことの結果を自分で処理するのを避けているだけだ。

彼らは自分でウソをつくだけでなく、他人にも「ウソをついてかばってほしい」と頼む。もちろんあからさまには言わないかもしれないが、虚偽の情報を流すよう求めるなら、ウソをつくよう頼んでいることに違いはない。

人にウソをつくとき、あなたは次の三者に害を与えることになる。

①あなたがウソをついてかばった相手。その人は、ウソをついても許されると信じ続ける。

他人が自分に代わってウソをついてくれるのなら、こんな便利なことはないと勘違いする。
②あなたがウソをついた相手。もしも真実を知らされていたら、その人は真実にもとづいて別の行動をとっていたかもしれない。
③あなた自身。ウソをつくことによって自分の信頼性と誠実さが失われる。相手があなたのウソを見抜けば、あなたはほかのことでもウソをついているのではないかと疑われる。

ウソをつくよう誰かに頼まれたら、どうすればいいか？　勇気を出して、「いいえ、私は自分を含めて誰のためにもウソはつきません」ときっぱり言おう。

**誰かに頼まれてウソをつくと、自分自身にも他人にも害を与えることになる。頼まれてもきっぱりと断ろう。**

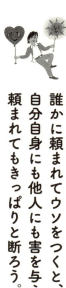

# 33 悪い習慣を断ち切る

習慣は、その性質しだいで中毒になることがある。それにのめりこんでしまうと、とくにそうだ。もしあなたが習慣的になんらかの行動をし、それをしなければ生活に支障をきたすのなら、あなたは一種の中毒にかかっていると思っていい。

もちろん、それ以外の習慣もある。たとえば、日ごろからよい習慣を実践し、それを楽しんでいるなら、それをやめる理由はどこにもない。しかし、悪い習慣を持っているなら、それを断ち切ることを考えたほうがいい。

悪い習慣を断ち切る最善の方法は、それにのめりこむたびに自分が何をしているかを明確に意識することだ。そのためには自分の習慣のすべての部分に注意を払わなければならない。たとえばそれが喫煙の習慣なら、自分がタバコを口にくわえる瞬間から、火をつける瞬間、煙を吸い込む瞬間、煙を吐き出す瞬間、火を消す瞬間にいたるまで、すべてを意識するのだ。

この方法が習慣を断ち切るうえでどのように役立つのか？　習慣とは、自分が無意識にしている精神的・肉体的な行為のことだ。その行為を十分に意識することによって、習慣を意識のレベルでとらえることができる。無意識にしている行為をやめるのはむずかしいが、意識している行為なら比較的簡単にやめられる。

自分の悪い習慣を断ち切りたいと思い、そのために時間を割くなら、ほとんどどのような悪い習慣でもこの方法で断ち切ることができる。

**意識している行為は無意識の行為に比べてやめやすい。**
**悪い習慣があるなら、**
**それをするたびに明確に意識するようにしてみよう。**

# 34 予期せぬ出来事に柔軟に対処する

ときとして人生はいらだたしいものだ。一生懸命に人生設計をし、これでずっとうまくいくだろうと期待する。そしてどうなるか？　予期せぬことが起こり、すべてが台なしになるのだ。そこで、この新しい状況に対処し、幸せな生活を取り戻すために努力をする。その結果、幸せな生活がしばらく続くが、またもや予期せぬことが起こる。

なぜ、このような混乱が何度も起こるのだろうか？　答えは簡単。人生に混乱は避けられないからだ。何事も永遠には続かない。にもかかわらず、私たちは永続性を求める。しかし、それはしょせん無理な話なのだ。

楽しい生活が永遠に続いてほしいと願うのは当然である。しかし、どれほど慎重に人生設計をしたところで、人生がいつも思いどおりにいくわけではない。人生とは、そういうものなのだ。心に刻んでおくべき重要なことを紹介しよう。

①人生のさまざまな側面は変化し続ける
②人生で起こったどのような出来事も、いずれはおさまる
③予期せぬ出来事に対する見方を変えれば、その大半はよいことである

人生は私たちが思いもよらないことを数多く用意している。だから、柔軟性を持ち続けることが必要だ。木の枝が柔軟性を失うと折れてしまうのと同様、私たちも柔軟性を失うと挫折しやすい。

**人生には必ず予期せぬ出来事が起こるものだ。それは悪いこととはかぎらないと心に刻んで、柔軟に対処していこう。**

# 3 楽観的になる

# 35 心配しない

あなたは心配性だろうか？　自分はそうではないと思っているかもしれないが、気持ちが落ち込むような数々の不快な考えを思い出してほしい。

冷静に考えればわかることだが、心配というのは愚かで非論理的な行為だ。心配しているとき、私たちは「悪いことが起こる」と予想し、「それについて十分に心配すれば、そういう事態を避けたり被害を軽減したりすることができる」と考えている。

しかし、心配は人間の本能ではなく、一種の自己暗示である。それはまったくムダな努力であり、何の役にも立たない。それどころか心身に害をおよぼす恐れすらある。

考えてみよう。うまくいかない可能性があることを何度も心の中で繰り返して何の得になるのか？　心配しても何の恩恵も受けられないのに、なぜ心配し続ける必要があるのか？

心配をやめるためにできることを紹介しよう。

①心配は常に将来のことに関するものだから、現在に意識を集中する
②自分が心配していることに気づいたら、ポジティブな思考に切り替える
③「自分は運がいいから、心配する必要はない」と考える

**心配は何の役にも立たないばかりか、かえって自分を暗示にかけてしまう。心配はやめよう。**

# 36 問題を書くことで解決する

紙の上であってもパソコンの画面上であっても、書くという行為は得るものが多く、しかも精神衛生上、たいへんいい。まさしく「筆記療法」だ。

自分の本音を話せる友人が周囲にいないなら、日常生活の不満や不安について書くことがストレスの解消に役立つ。上司に面と向かって言いたかったが立場上言えなかったことがあるなら、書いてみよう。困った人に対するクレームを書きとめよう。住まいについて問題を抱えているなら、それを文章で表現しよう。

書くという行為は、心の中にたまっているネガティブな感情を吐き出すのに役立つ。ただし、書き終えたら、その問題を実際に解決することを心がけよう。

自分が抱えている問題について書くことで、貴重な洞察が得られるかもしれない。書くためには自分の思いを整理する必要があるが、それによって問題に対する洞察力が深まるからだ。心の中に浮かんだことを書きとめるだけで気分がよくなる人もいる。

書くだけで問題が解決できるとはかぎらないが、理解しやすくなることは間違いない。自分の思いを文章として眺めると、思考がより明晰になるからだ。

**心の中の問題を書き出すことによって、ストレスが解消できるし、問題を明確にして解決しやすくできる。**

# 37 日記をつける

日記をつけて、自分に起こったさまざまな出来事を書きとめている人は多い。日記には定まった形式はない。自分が最も心地よく感じる様式で書けばいいのである。

日記とは、自分の記憶や期待、思考、夢を文章にして保存するスクラップブックのようなものだ。日記は自分の人生に関する有意義な記録である。そのときは些細なことのように思えても、それを書きとめておくと、あとになってたいへん懐かしく思えてくる。

あなたにとって、日記は何の役に立つだろうか？　自分が書いたものを見ることによって、自分のことがよくわかるようになる。自分にとって重要なことがよりはっきりと理解できるようになることもある。日記を読み返して自分の進歩や成長の度合いを測ることもできる。

日記は宝物だ。時間が経過しても、日記を読むことで詳細な記憶がよみがえってくる。子や孫がいる人にとっては、日記を見せることで自分の人生の記録を紹介することもできるだろう。

**日記は人生に関する有意義な記録であり、日記をつけると、多くの利益がある。**

# 38 「人生は楽しいものだ」と思う

一部の人たちは、「人生は苦しいものだ」と教えられて育っている。もし人生が安楽なら申し訳なく思い、人生を苦しくするために努力すべきだと考えている。この考え方は、「人生とは苦であり、見返りとして死後に安楽な時間が約束されている」という考え方と結びついていることがよくある。

一般に、私たちは「人生は苦しいものだ」という考え方を不幸な人たちから教わる。彼らは「人生についてのネガティブな考え方を伝える義務を果たしている」と考えている。

だが、これは人生を苦しくする間違った信念であり、決して真理ではない！　たしかに人生には困難な時期もあるが、生涯にわたってずっとそういう状態が続くわけではない。

人生の大部分は自分がつくるものだ。もし「人生は苦しいものだ」と思うなら、あなたはその「事実」を受け入れてしまい、結局、あなたの人生はあなたの予想どおり苦しいものになる。

しかし、「人生は楽しいものだ」と考えるならどうなるだろうか？　まだ楽しくなくても、あなたは人生を楽しくするために努力するはずだ。どんな障害に出くわしても、それを乗りこえる方法を見つけるだろう。

あなたは自分の人生観を選ぶことができる。人生を祝い事と考えようではないか。人生は苦しいものである必要はない。人生は、考え方しだいでこのうえなく楽しくなるのだ！

**人生が苦しいものである必要はまったくない。楽しいものだと考え、楽しくするために努力しよう。**

# 39 どんな状況でも笑う機会を見つける

私たちは人生をあまりにも深刻に考える傾向がある。すでに起こった悪いことや、これから起こるかもしれない悪いことについて考えてばかりいるために、「人生は一大事である」と思い込んでいるのだ。

たしかに、ときには深刻な事態に直面することもある。しかしそれを除けば人生は途方もなく面白い。今まで物事を深刻に考えることが多かったなら、態度を改める必要がある。

笑うと体内でエンドルフィンが分泌され、それが素晴らしい作用をおよぼす。それに加えて、笑いは疲れた心を癒し、精神的エネルギーをふたたび充電し、ストレスと緊張を解きほぐしてくれる。

笑いは、人間だけに与えられた才能である。この才能を最大限に生かそう。笑う機会を増やして心身の健康を増進するためには、さまざまな状況で面白い要素を見つけることを日ごろから心がけるといい。これを数週間実践すれば、健康的な習慣が身につくはずだ。周囲の人々はあなたの変化に驚くに違いない。

**人生は深刻に考える必要はない。日ごろから心がけて面白い要素を見つけ、笑う機会を増やせば、心身が健康になっていく。**

# 40 悲しい記憶を何度も思い出さない

長年のうちには、人は誰でも悲しい出来事に遭遇する。場合によっては心に深い傷跡を残すこともある。そういう出来事が起こったとき、私たちはそれを記憶に焼きつける。そして悲しい記憶を消すのをいやがる。

一般に、なんらかの行為を繰り返すたびに反復するのがたやすくなる。習慣というのは、そうして身につくものだ。

悲しい記憶を何度も繰り返すことによって、その記憶は心の中で新鮮さを保つ。悲しい記憶を再生し続けるかぎり、その痛みを繰り返し経験して落胆し続けることになる。

逆に、悲しい記憶を再生しなければ、心の中で感じる痛みは弱くなる。悲しい記憶を繰り返し再生するのをやめれば、その記憶にともなうネガティブな感情は弱まる。

悲しい記憶を何度も再生して何の役に立つのだろうか？　結局、自分を何度も痛めつけるだけなのだ。

理性的な人は、自分に何度も痛みを負わせるようなことはしない。

**悲しい記憶を心の中で反復すると、痛みが繰り返され、記憶も消えない。記憶の再生はもうやめると決めよう。**

# 41 広い視野から人生を見る

一日中、あまり感謝されない仕事をして疲れ果てたとき、「自分がこの世から突然消え去っても誰も気にとめないだろう」と思ってしまうことはないだろうか。また、あまりにも絶望し、「人生には意味がない」と思い、生きている理由がないように思えるときもあるかもしれない。

疲れていて気持ちがしっかりしていないと、気の滅入るような思いにとらわれやすい。しかし、そういう思いに屈してはいけない。それはただ、全体像が見えていないだけなのだ。

こんな映画館に自分がいると考えてみよう。あまりにも巨大なスクリーンが使われているので、スクリーンの一部が観客の視界からはみ出てしまっているのだ、と。

もし全体像を見ることができれば、私たち一人ひとりの人生がすべての人々の人生の中で調和していることが見えてくるだろう。そのとき私たちは自分の立場が理解でき、自分の人生に意味があることに気づくはずだ。

**生きている意味がないように思えるときは全体像が見えていないだけだ。一人ひとりの人生には必ず意味がある。**

# 42 ポジティブなことを常にイメージする

私たちは、自分の心の中でいつも上映している「映画」について意識することはあまりない。あまりにも慣れ親しんでいるので、それについて考えることはめったにないからだ。私たちの「心の映画館」には、ポジティブな映画がそろっている。楽しい活動をしたときの映画、努力して成功したときの映画、友人と楽しく過ごしたときの映画、などなど。それらはどれもポジティブで幸せな映画だ。

いっぽう、ネガティブな映画もある。失敗したり、被害にあったり、ほしいものが得られなかったりしたときの映画だ。

あなたは日ごろ、どちらのタイプの映画を見ているだろうか？　一般に、私たちは心の中で、自分についての考え方にマッチした映画を上映している。「自分は誠実で価値のある人間だ」と思っているなら、人生を前向きに生きるのに役立つ楽しい映画を上映する。それに対し、「自分は不誠実で価値のない人間だ」と思っているなら、気の滅入るような映画を上映する。同じ上映するなら、楽しい映画にしたほうがはるかに得だ。楽しい映画をいつも上映したいなら、ふたつのことを実行しよう。

①自尊心を高める努力をする。そうすれば、ネガティブな映画をポジティブな映画と取り替えることができる。

②自分が不幸な映画を見ていることに気づいたら、すぐに幸せな映画に切り替える。誰でも幸せな映画の在庫を心の中に持っているはずだ。

**私たちは心の中で映画を上映している。どうせなら楽しい映画をいつも上映すれば、ポジティブな気持ちでいられる。**

# 43 内なる批判者に反論する

あなたは自分の心の中にいる「批判者」に気づいたことがあるだろうか？　そのようなことを考えたことはないかもしれないが、内なる批判者は「お前は失敗者だ」「悪いヤツだ」「周囲の人々より劣っている」といった理由をあげて、「どうせ、やってもムダだ」と心の中でささやきかける。

内なる批判者のささやきは、あなたが物心ついて以来、親や教師などの権威者から言われてきたネガティブな意見の寄せ集めだ。私たちが新しいことをして生活の質を向上させようとすると、内なる批判者が口出しして、そうはさせまいとする。内なる批判者は私たちの能力をけなし、自尊心を台なしにしようと躍起になる。あなたが自分の能力を高めるのをやめようという気になるのは、内なる批判者がそのように説得するからだ。あなたは今まで何回も成功しているのに、内なる批判者はそれを無視し、失敗をあげつらう。

では、それに対してどうすればいいのだろうか？　まず、内なる批判者の存在に気づくことだ。そうすることによって、内なる批判者の影響力を弱めることができる。

次に、内なる批判者に反論することだ。内なる批判者の声に耳を傾け、それを書きとめたら、すぐにそれに対する反論を書こう。そのパターンを熟知して、今度、内なる批判者が何かを語りかけてきたら、すぐに反論するといい。

内なる批判者は「過去」と「失敗」にこだわるが、あなたは「現在」と「成功」に意識を向けて生きていくべきだ。内なる批判者と仲よくしてはいけない。それは、あなたの最大の敵なのだ。

**自分の心の中には、自分をけなして新しい行動を止めようとする批判者がいる。そのことに気づき、批判者に反論して成功に向かって進もう。**

# 44 「本当の自分」と「エゴ」とを区別する

あなたの中には「本当のあなた」が存在する。それはいつも一定で、愛と喜びと親切心がそこから絶えず湧き出ている。

いっぽう、エゴは「うわべのあなた」だ。それは一時的な感情に翻弄され、不満を感じる原因になっている。

エゴは、たいへん不快ないくつかの性癖から成り立っている。プライドやねたみ、怒り、強欲、恐怖心など、マイナスのエネルギーを発するすべての感情だ。エゴが危機に直面すると、私たちはそれらの感情のいくつかを経験することになる。

本当のあなたは冷静なのに、エゴは腹を立てる。本当のあなたは落ち着いているのに、エゴは心配する。本当のあなたは満足しているのに、エゴはもっと多くのものを要求する。

エゴは、じつにやっかいだ。

エゴによるネガティブな感情を持ち始めたら、それにどう対処すべきか？　本当のあなたに意識を向けることだ。ネガティブな感情など実在せず、本当のあなたはそんなものに関係ないことを、よく覚えておこう。

**本当の自分とエゴとは全然別物だ。エゴが経験するネガティブな感情に影響される必要はない。**

# 45 自分の怒りの感情を受け入れる

あなたは何かに対して腹を立てたことがあるだろうか？　実際、したくないことを指示されると、ほとんどの人が腹を立てる。そして、自分をそういう状況に追い込んだ人に反感を抱く。

反感とは悪性腫瘍のようなものだ。誰かに反感を抱くと、自尊心が徐々にむしばまれていく。自分が相手に利用されているように感じ、心の中で相手を憎んでいることに罪悪感を持つことすらある。また、怒りを表現できない状況では、怒りを抑圧して自分に振り向けてしまい、自己嫌悪におちいりやすい。

では、どうすればいいのだろうか？　ここで次のような、問題解決を容易にする心の持ち方を紹介しよう。

①自分が怒りを抱いていることに罪悪感を持ってはいけない。自分の感情をよく知り、それを認めれば、心の安らぎを得ることができる。
②自分の仕事に対してネガティブな感情を持たないようにする。反感を抱くと、心身に悪影響をおよぼす恐れがある。
③いやなことに意識を向けず、楽しいことに意識を向ける。たとえば、読書をする、好きな食べ物を味わう、などなど。

何事も永遠には続かない。そういう認識に立てば、心の安らぎが得られるはずだ。環境は変わる、あなたも変わる、あなたの嫌いな仕事も変わる。

**怒りを抑圧すると自分に向かってしまう。怒りに罪悪感を持たず、楽しいことに意識を向けよう。**

# 46 怒りを幸せな気分に切り替える

こんな状況を想像しよう。職場から車で帰宅途中、他の車が急に幅寄せしてきたために危うく衝突するところだった。そのとき、あなたはどうするか？　おそらく、腹を立てるはずだ。それは正常な反応だが、本当に大切なのは、腹を立てたあとでどうするかである。主にふたつの反応が考えられる。

①怒りをおさめることができず、周囲に当たり散らす
②怒りを幸せな気分に切り替える

怒りを感じるような出来事のあと、多くの人は自分の正当性を主張し、ずっと腹を立て

てしまいやすい。しかし、それは健全な反応ではない。必要もないのに、なぜ意図的に自分の気分を悪くするのか？　幼い子どもなら仕方ないが、大人がそういうことをするのは不適切である。

奇妙に思えるかもしれないが、あなたにとって最も健全な反応は、怒りを幸せな気分に切り替えることだ。自分が車を持っていること、運転できること、帰る家があること、打ち込む仕事があることなど、感謝の対象はいくらでもある。

怒りを感じたときに、それをぶちまけてはいけない。怒りは思考を曇らせ、多くの不快な行動につながる。それに対し幸せになることを選べば、より賢明な決定ができ、自分にとって有利な行動をすることができる。怒りのために一日を台なしにしてはいけないということを肝に銘じておこう。

**怒りは感じてもよいが、そのあとが重要だ。**
**怒りを引きずらず、幸せな気分に切り替えよう。**

# 47 心の痛みを受け入れる

大切なものを失うことは、私たちが経験する中でおそらく最大の痛みをともなう。実際、あまりにも苦痛なために耐えられないことすらある。

ここで、三つの提案をしよう。

まず、痛みを認める。痛みと戦ったり否定したりするのではなく、それを経験するのだ。

次に、痛みの原因を突き止める。現在の状況のどの側面が最大の苦しみの原因になっているかを発見すれば、意外なことにあなたは驚くかもしれない。

最後に、痛みは人生の一部であることを理解する。生きることは、ときには痛みを感じるということだ。

「これもまた過ぎ去る」という格言には深遠な真理が含まれている。どのような痛みも、それに固執しないかぎり永遠には続かない。心の痛みは、何度もそれを再現しないかぎり、時間の経過とともに徐々に弱まっていくものだ。

前を向いて生きよう。そうするうちに、心の痛みは消えていき、それをもたらした出来事を受け入れることができるようになる。

奇妙に思えるかもしれないが、心の痛みを引き起こすのは出来事そのものではなく、それに抵抗することなのだ。

**心の痛みも人生の一部だ。痛みを受け入れよう。痛みに抵抗せず、何度も思い出さずにいれば、徐々に消えていく。**

# 48 過去を言い訳にしない

一部の人たちは自分の不幸な子ども時代を言い訳にし、現在の無作法な行動を正当化しようとする。たとえば、「完全な家庭に育っていたら、今ごろは立派な人間になっていたはずなのに」といった具合だ。

なるほど、それは真実かもしれないが、それを言ったら地球上の誰もが同じ主張ができてしまう！　完全な家庭や環境はこれまで存在しなかったし、これからも絶対に存在しない。それは誰もがあこがれるが、現実とはほど遠いものなのだ。

あなたは「過去の不幸な出来事が現在の無作法な行動を引き起こしている」と主張するかもしれないが、それは事実ではない。あなたの現在の行動を引き起こしているのは、あなたの現在の心である。

たしかに過去のさまざまな出来事が現在のあなたの人格を形成しているが、そのプロセスは今も続いている。つまり、あなたは常に自分を再形成することができるのだ。

「自分の現在の行動は過去の不幸な出来事が原因だ」というような言い訳じみた主張はやめたほうがいい。そんなことをすればするほど、あなたの自尊心は傷つき、人間関係は悪化し、人生は台なしになってしまうだろう。

**過去の不幸な出来事が現在の行動を引き起こすわけではない。過去を言い訳にしないで、現在の自分の心の持ち方を変えよう。**

# 49 好きなことについて考える

あなたは「増加の法則」について聞いたことがあるだろうか？　この法則によると、何事であれ、それについて考えれば考えるほど増加するという。たとえば、好きなことについて考えれば考えるほど、それが増加する。反対に、嫌いなことについて考えれば考えるほど、それが増加する。

自分の人生を向上させるために増加の法則を活用しよう。考える対象は増加するから、自分の嫌いなことより好きなことを考えるほうが合理的だ。

いいことをもっと経験したいなら、すでに持っているいいことについて考えよう。自分に対して持っているイメージを改善したいなら、自分がすでに持っている多くの素晴らしい資質について考えよう。もっと愛情がほしいなら、他人があなたに対してすでに表現している愛情について考えよう。

**何事でも、それについて考えれば考えるほど、増加する。嫌いなことではなく、好きなことについて考えて、それを増加させよう。**

# 4

# 目標に向かって進む

# 50 成功とは何かを問い直す

成功という言葉を聞いて、あなたは何を思い浮かべるだろうか？　ほとんどの人は地位や名誉、財産、権力といった外的な成功をイメージする。

別の種類の成功もある。精神的な満足や幸せ、楽しさなどだ。それらは内的な成功だから、本人以外にはなかなかうかがい知れない。多くの人にとって内的な成功は、それほど重要ではないかもしれない。

外的な成功には短所がある。それを追い求めてどれほど努力しても確実に達成できるという保証はないし、達成したところで永遠に続くとはかぎらない。しかも、ある程度、運に左右される。

人間にとって、どのような成功が最適だろうか？　それは私たち一人ひとりが決めることだ。外的な成功と内的な成功のどちらも間違ってはいないが、おそらく最も満足が得られるのは、その両方の組み合わせだろう。

どのような目標であれ、自分がそれを追い求めるのは、自らの意志でそれを選んだからか、社会的なプレッシャーによるものか、どちらなのかを自問するといい。そうすれば、自分にとって成功とは何かが理解できる。

**自分にとっての成功とは何なのかを自問し、明確にしよう。**

# 51 成功のリハーサルをする

多くの人はかんじんな状況で、それにふさわしい対応をしたいのだが、いざそのときが来るとそれがうまくできないようだ。それを容易にするためのアイデアを紹介しよう。

楽しかった演劇や映画を思い出すといい。あなたがそれを楽しんだのは、どの役者も自分の役を見事に演じたからだ。なぜ彼らはそんなにうまく演じたのだろうか？　何度もリハーサルをしたからだ。

かんじんな状況で思いどおりに対応できないなら、それはリハーサルが足りないからだ。成功をおさめるためには、自分が望む行動をできるだけリアルに練習しておかなければならない。

その場面でなんらかのセリフが必要なら、それを声に出して何度も言ってみよう。なんらかのしぐさが必要なら、それが自然にできるまで何度も練習しよう。

リハーサルは数日から数週間かかるかもしれないが、それは決して時間のムダではない。新しいセリフとしぐさが自然にできるようになれば、それを実行に移す準備ができたことになる。相手の立場に立ち、心をこめて説得力のある迫真の演技をしよう。徹底的にリハーサルをすれば、その役回りをごく自然に演じることができるはずだ。

**演劇や映画で役者が見事に役を演じるように、自分のセリフとしぐさを何度も練習して成功に備えよう。**

# 52 目標を持ち、計画を立てて実行する

人生が思いどおりにいかずに不満を感じたり、目標がなかなか実現せずに落胆したりすることはないだろうか？　そういう経験が多いようなら、それは具体的な目標を設定したことがないからかもしれない。

人は誰でも「幸せになりたい」「いい仕事に就きたい」「楽しい人生を送りたい」「いい人間関係を築きたい」といった目標を持っている。問題は、それらの目標があまりにも漠然としすぎていることと、それを達成するための計画を持っていないことだ。

具体的な目標を選ぶことは、意外とむずかしい作業である。だから、具体的な目標を持っていない人がたいへん多いのだ。最もむずかしいのは、自分が本当に手に入れたいものを決めなければならないことだが、即断する必要はない。

以下のことを試してみよう。本当に手に入れたいものやしたいことを数日間じっくり考える。そして、確実に達成できる簡単な目標を選ぶ。さらに、その目標を一連の小さい目標に細分化する。それを段階ごとにすべて紙に書くことが大切だ。その小さい目標を達成するたびに○を記入し、進捗状況を明確にしよう。

この段階を追えば、現実的な目標であれば確実に達成できる。こうすることによって人生に目的意識を持つことができる。

たいへん多くの人がさまよいながら人生を送っているのは、行き先をはっきりと決めていないからだ。具体的な目標を設定しないかぎり、自分が手に入れたいものを得られずに人生を終えることになるだろう。自分から積極的に働きかけなければ、本当にほしいものが手に入る可能性はきわめて低い。

**人生が思いどおりでないのは、目標が具体的でないからだ。細分化した具体的な目標を持ち、計画を立てて実行しよう。**

# 53 目標を実現した映像を心の中に描く

あなたは想像力が豊かだろうか？　もしそうでないなら、想像力を豊かにする必要がある。幸せな人生を送るうえで想像力は不可欠だからだ。

人生でほしいものを手に入れるにはどうすればいいだろうか？　偶然の出来事や万一の幸運に頼ることは得策ではない。自分が好きな場所でしたいことをして、望みどおりの生活をしている姿を想像しよう。心の中で映像を創り出してそれを実現する必要があるのだ。心の中で実現できれば、実際の人生でもそれを実現できる可能性がかなり高くなる。

ここで、心に銘記すべき重要なことがふたつある。

①自分がほしいものを決める。簡単なようだが、ほとんどの人は人生で本当にほしいもの

について漠然とした考えしか持っていないのが実情だ。

②心の映像について考えるときは、「これを実現するにはどうすればいいか？」と必ず自問する。偶然、幸せになることはめったにない。たいていの場合、心の映像を実現するためには、ある程度の努力が必要だ。

自分が幸せな状況を想像するのがむずかしいなら、たいていの場合、「自分は幸せになるに値しない」と思い込んでいることが原因だ。もしそうなら、自尊心を高める必要がある。「自分はよりよい人生を手に入れる価値がある」と確信できるまでは、よりよい人生を手に入れることは困難だ。

**自分が実現したいものを決め、それが実現した映像を心の中に描く。そうすれば、実現できる可能性が高くなる。**

# 54 不必要なことに時間を浪費しない

毎日、多くの人はその日に用件（TO DO）リストを作成し、やり終えたらその項目を消している。

ではその反対に、あなたは「不用件（NOT TO DO）リスト」を作成したことはあるだろうか？　いくつか例をあげよう。

・以前は楽しかったが、今はもう興味がない活動
・退屈でいやな気分になる課題
・あまり好きでない人とのつき合い
・他の人から一方的に押しつけられた仕事

・対面または電話での無意味な会話

不用件リストを作成し、手元に置いて毎日実践しよう。リストにある項目を実行しなかったら、その項目にチェックをすればいい。

そうすることによって、次のふたつのことが可能になる。

①自分の日ごろの活動について客観的に考えること
②自分を不幸な気分にする活動を排除すること

**したくないことのリストをつくって、不必要な活動を実行しないようにする。**

# 55 完璧をめざさない

あなたは課題に取り組むとき、次のような傾向がないだろうか？

・どうでもいいような細かい部分にまでこだわる
・どれだけがんばっても、「まだ不十分だ」と感じる
・「完璧な答えがある」と信じている
・「自分は絶対に正しくなければならない」と感じることがある

以上のような傾向があるなら、あなたは完璧主義者だ。完璧主義者とは、どれほど完璧に仕上げても、「まだ不十分だ」と感じる人のことだ。

人はどうして完璧主義者になるのだろうか？　多くの場合、子どものころに権威者から大人の基準で判定されたのが原因だ。当然、そういう状況では、自分が最大限に努力してやったことでも「不十分」と判定される。問題は、大人になってもその考え方を引きずってしまうことだ。

完璧主義者は、自分のしたことが周囲の人々には完璧のように思えても、自分では「まだ不十分だ」と感じ続ける。彼らの心の中に潜んでいる内なる批判者は、子どものころの権威者に代わっていつも自分を監視する。

しかし、物事をどこまで完璧にすれば完璧なのか？　完璧でなくても、「これで十分」というのはどの程度なのか？　課題に取りかかる前に、それを明確にしておこう。

**完璧主義者は「まだ不十分だ」と自分を責め続ける。完璧ではなく、「これで十分」という程度をめざせばよい。**

# 56
# 意外な出来事を楽しむ

何かに対して努力すればするほど、それがむずかしくなったという経験はないだろうか？　私はこれを「反比例する努力の法則」と呼んでいる。この法則を人生の安定性に適用すると、安定しようと努力すればするほど不安を感じるということになる。

この問題に対する最善の解決策は何か？　「人生には不安定さがつきものだ」と理解することだ。私たちは完全に安定することはできない。「絶対の安定」というのは存在しないからだ。それを理解すれば、不可能なことをしようとして疲労困憊する必要はなくなる。

すべてのことを前もって計画する必要はない。物事がどういうふうに展開するかを正確に予知する必要もない。人生をひどく限定された想像力の枠の中に押し込めるのをやめれば、突然の出来事は楽しい驚きとなり、人生の喜びとなる。

あなたは、子どものころに意外な楽しみを発見したときの喜びを覚えているだろうか？

「人生には不安定さがつきものだ」という事実を受け入れれば、子どものころの喜びは大人になっても経験できることに気づくはずだ。

**人生を完全に計画することなどできない。**
**突然の意外な出来事を楽しみにしよう。**

# 57 たくさん失敗する

成長を遂げるためには、多くの失敗を体験する必要がある。しかし、もしこの考え方が奇妙に思えるとしたら、失敗することの大切さに気づいていない証拠だ。

あなたは子どものころ、何度も転びながら歩くことを覚えた。毎日、失敗の連続だったが、粘り強く挑戦し、うまくいかないやり方を改め、歩くために必要な方法をついに身につけた。

失敗したからといって自分を非難してはいけない。人はみな、人生について学んでいる最中であり、うまくいく方法を見つけるまで試行錯誤を繰り返す以外に成長する方法はない。

私たちは失敗することに対してもっと大らかな気持ちになる必要がある。失敗していないなら何も学んでいないのだと自分に言い聞かせよう。

**うまくいく方法を見つけるまで試行錯誤を繰り返す以外に成長する方法はない。失敗しないのは何も学ばないことと同じだ。**

# 58 自分で運をつくり出す

あなたは完璧なチャンスが到来するのを待っていないだろうか？　たとえば、次のようなことをするための完璧なチャンスだ。

・相性がぴったりの恋人に出会う
・事業を起こす
・より多くのお金を稼げる仕事に就く
・新しい家を買う

私たちは完璧なチャンスが到来するのをじっと待つ。歳月が流れ、年をとっても、まだ待っている。

悲しいことに、完璧なチャンスは決して訪れないかもしれない。チャンスがあなたを探し出すことはない。あなたがチャンスを探し出すのだ。人生でほしいものを手に入れる人たちは、積極的にチャンスを探し求めるか、自分で運をつくり出すことによって願望を実現する。

チャンスが見つからないことは決してない。「チャンスは一生に一度だけドアを叩く」という格言があるが、それは間違っている。チャンスは絶えずドアを叩いているのだが、私たちがそれに耳を傾けていないだけなのだ。

**チャンスが到来するのを待っていても無駄だ。積極的にチャンスを求めよう。必ずチャンスは見つかる。**

# 59
# 先延ばしにしない

今日できることを明日まで先延ばしにするな、という格言がある。それに対し、明日まで先延ばしにできることを今日する必要はない、という教えもある。

人間は嫌いな仕事を課せられると、それを延期しやすい。しかし、人間は理性的な生き物だから、それなりの理由をつける。たとえば、こんな具合だ。

・退屈な作業だ
・忙しくて時間がない
・あまりする気になれない
・すぐにする必要があるとは思えない

以上の理由は正当性がありそうだが、自分に課せられた仕事はしなければならない。その辛さを軽減するための方法を紹介しよう。

①週に一日を選んで、自分が先延ばしにしてきた仕事をすべて片づける。そうすれば、それ以外の日はすっきりした気分で過ごせる。

②先延ばしにしてきた仕事の中で最も重要な仕事を片づける。そうすれば、それ以外の仕事はそれほど苦にならなくなる。

③それぞれの仕事を細分化し、毎日、少なくともそのひとつを片づけて、最終的にすべての仕事をやり遂げる。

④仕事を終えたら、本当に楽しいことをして自分に褒美を与える。

**先延ばしにしてきた仕事は工夫して片づけよう。そうすれば気分よく過ごせる。**

# 60 障害を乗りこえて進む

こんな状況を想像してみよう。車で買い物に行く途中、道の真ん中に木が倒れていた。その時点で、あなたには三つの選択肢がある。あきらめて引き返すか、木を動かして取り除くか、迂回路を見つけるか。

人生もそれとたいへんよく似ている。計画を立てて目標を設定したものの、障害が立ちふさがることがよくあるからだ。やはりそのときも、三つの選択肢がある。目標のことは忘れるか、工夫して障害を取り除くか、障害を避けて通る方法を見つけるか。

一般に、進路を決定するときは以上の三つの選択肢がある。そのうちの二つは成長と自立につながるが、残りの一つは停滞をもたらす。言い換えれば、正しい選択肢は扉を開くが、間違った選択肢は扉を閉ざすということだ。

人間の精神は強い。私たちは自分で思っている以上のことを成し遂げることができるし、実際、自分でも驚くことがある。障害を乗りこえるたびに強くなり、今後さらに大きな障害を乗りこえられるようになる。

人生という道を歩んでいると、途中で大きな石に遭遇することになる。それを踏み台にして飛躍するか、それにつまずいて挫折するか。あなたはどちらを選ぶこともできるのだ。

**人生の行く手に立ちふさがる障害は、乗りこえるたびに強くなれる。あなたは自分が思っている以上のことを成し遂げることができるのだ。**

# 5 自分らしく生きる

# 61 人と違っていることを恐れない

私たちは、自分の暮らしている社会によって一定の型にはめられ、幼少期から周囲の人々と同じようにすることを強いられる。伝統に従えば恩恵を受け、反すれば罰を受ける。そこには、「常識はずれなことをするな」という無言のメッセージがこめられている。

あなたはこういう規範の中で快適に暮らしているだろうか？　多くの人は普通の生活に安住し、伝統的な規範に従って生きることを好む。しかし、一部の人たちは社会通念に縛られて生きることに耐えられない。彼らは多くの規則に縛られることを窮屈だと感じ、もっと自由になって自分らしく生きたいと願う。

もし自由な生き方にあこがれるなら、次のことを自問しよう。

・周囲の人々と異なっていられる勇気があるか？
・「イエス」という答えを期待されているときに「ノー」と言う勇気があるか？
・周囲の人々と調和することを求められても、自分らしく生きたいと思うか？
・「それは違う」と思ったとき、堂々と異議を唱えることができるか？

自分らしく生きることは困難かもしれない。物心ついたときから、周囲の人々と調和するようにしつけられた場合はなおさらだ。自分らしく生きれば、異質な人の存在に脅威を感じる人たちに敵意を持たれることを予想しなければならない。はたしてそんなリスクを冒すだけの価値があるのだろうか？

それを確かめるには、やってみる以外にない。

**自分らしく自由に生きたいと思うなら、ある程度のリスクは覚悟しなければならない。**

# 62 物欲に歯止めをかける

押入れやガレージの中を見ると、生活するというのは溜め込むことのように思えてくる。私たちは一生のうちに多くの物を買い集める。物を買い、お金を貯め、コレクションをつくる。意識して計画しているわけではないが、私たちはまるで磁石のように物を集めているように見える。

ここで質問しよう。どれだけ持てば十分なのか？　ほとんどの人は「あともう少しで十分だ」と答える。では、「十分に持つこと」と「たくさん持ちすぎること」の間のどこに線を引くのだろうか？　あなたの物欲は、どの時点で重荷になり始めるだろうか？　意識の高い人たちは、「幸福へのカギは多くの物を手に入れることではなく、多くの物をほしがらないことだ」と考えている。彼らは、多くの物を所有すると生活が煩雑になることを知っているのだ。

何かを買おうと思うとき、「これを手に入れれば、自分はより幸せになれるのか、それとも生活が煩雑になるだけか、どちらだろうか？」と自問しよう。物欲を満たそうとすると、あなたは物に翻弄されるようになるだろう。そうならないうちに歯止めをかけることが大切だ。

**物を多く持てば持つほど、生活は煩雑になる。必要以上の物を買うのはやめよう。**

# 63 企業の広告に乗らず、自分に必要な物だけを買う

企業は商品の宣伝に毎年何億円も使って流行をつくり、需要を掘り起こしている。そして私たちの心の中に、商品に対する非現実的な期待を持たせようとする。買うことのスリルの大部分は、商品そのものの魅力によるものではなく、広告戦略によるものなのだ。

宣伝はあなたの消費動向に影響をおよぼしているだろうか？　次の質問に答えてみよう。

①宣伝がなければ買わなかったような物を数多く所有しているか？
②買った商品の大部分は期待どおり役に立っているか？
③買った商品の多くを使わずに捨てたり溜め込んだりすることがよくあるか？

①と③に「ノー」と答え、②に「イエス」と答えたなら、あなたは企業の広告戦略に乗せられていない。しかし、もしそうでないなら、次の指針が有効になる。

①衝動買いをしない。衝動買いをした商品の大半はすぐに飽きる。
②大きな買い物をするときは時間をかける。二、三週間考えて、それでも買いたいなら、買うべきかもしれない。

巧妙な広告戦略に乗せられず、必要な物だけを買うようにしよう。広告の主な目的は、企業の利益であって、消費者の生活の向上ではない。

**買い物は自分の意思というより、企業の広告に乗せられている場合が多い。注意して必要な物だけを買おう。**

# 64 活動のペースを落とす

忙しくするのは単なる習慣である。実際、現代人は食事や勉強、労働、デート、睡眠など、すべてにおいて忙しくする。

たとえば、目が回るようなペースで仕事をして、その見返りとして何が得られるのだろうか？　たしかに多くのことを成し遂げることができるが、急いでするために最後の詰めが甘くなり、粗雑な製品やサービスになっているのが実情だろう。「せいては事を仕損じる」ということわざのとおり、結局、やり直しをしなければならなくなることが多い。最初から慎重にしていれば、一回できちんとできていたはずなのだ。

忙しくすることは、生活の質を低くしてしまうのである。私たちは人間関係や健康、仕事、その他の多くのことに十分な時間をかけない。その結果、離婚や病気、失業、その他の多くの問題に悩むことになる。さらに悪いことに、日々を忙しく送ることで、多くの素晴らしいことに気づかない。物事をスピードアップすることを覚えても、それでいったい何の得になるのだろうか？

この忙しい生活をやめるにはどうすればいいか？　答えは、ペースを落とすことだ。次の課題に急いで取りかかる前に、自分の生活をじっくり観察してみよう。ペースダウンできることはないだろうか？　日々の活動をリストアップして、ゆっくりできることはゆっくりするといい。

人生は、忙しく生きるには短すぎる。深呼吸をしてリラックスし、少しペースを落としてみよう。

**忙しくすることによって得るものは少ない。**
**ペースを落として、仕事や生活の質を向上させよう。**

# 65 思考から自分を解放する

ほとんどの人はあくせくして生きている。ほとんどいつもトップギアの状態で生活しているようなものだ。絶えず忙しくし、すべきことがいっぱいあり、解決しなければならない問題をたくさん抱えている。それに加えて、周囲からどう見られているかとか、どう思われているかが気になってしょうがない。過去の不快な記憶が、心の中にいく度となくよみがえってくる。このような心の状態は、決して穏やかではなく、さまざまな思考で混沌としている。

穏やかな心とは何だろうか？　さまざまな思考から完全に解き放たれた心のことだ。「思考から解き放たれるなんて、この忙しい世の中では無理な相談だ」と、あなたはいぶかるかもしれない。

穏やかな心の恩恵を受けるには、何時間も思考から解放される必要はない。仕事に専念する必要のない細切れの時間が一日の中で何度かあるはずだから、その時間を利用してリラックスし、考えるのをやめればいいのだ。

これは、ストレスを軽減して人生を快適にする多くの方法のひとつである。ほんの数秒間でも思考を排除すれば、リフレッシュすることができて、残りの時間で効率的に仕事をこなせるはずだ。

**さまざまな思考から自分を解放し、心を穏やかな状態にする時間をつくろう。**

# 66 子どもの気分に戻ってみる

大人になると、真剣さと責任感が求められる。それはたしかに当然のことだ。しかし、一日二十四時間ずっと大人として振る舞う必要はない。まるで子どものように楽しい時間を過ごすことは、決して間違っていないからだ。人生はドラマの舞台であるだけでなく、スリル満点の楽しいイベントが数多くおこなわれる遊園地のようなものでもある。

子どものころには楽しんだが、今は「大人気ない」という理由でしなくなったことについて考えてみよう。子どものころに塗り絵を楽しんだ人は、塗り絵帳とクレヨンを用意して塗り絵を始めよう。電車の模型を楽しんだ人は、部屋の中にレールを敷いて模型を走らせて遊ぼう。詩を書いて楽しんだ人は、詩を書こう。子どものころと同じように楽しいはずだ。それ以外にも、動物園に行く、模型の飛行機をつくる、たこ揚げをするなど、楽しい活動はいくらでもある。

遊び心を呼び覚まし、子どものころの単純な楽しみを満喫しよう。退屈な人生をエキサイティングにしたいなら、子どものころの遊びに興じるといい。最高にリフレッシュできることに気づくはずだ。

**ときには子どものころの遊びをしてみると、最高にリフレッシュできる。**

# 67 自然と親しんで感覚を取り戻す

現代人は、自然の癒す力と疎遠になっている。あまりにも多くの時間を無機質な部屋の中で暮らしているので、自然の中で過ごすとどういう気分になるかを忘れてしまっているのだ。最後に木の葉をじっくり見たのは、いつのことだろうか？　葉の色、形、感触を忘れて、どれくらいになるだろうか？

田舎に住んでいなくても、公園に行けば自然と接することができる。自然は一日二十四時間、あなたのすぐそばにあるのだ。自然と親しむことは、すべての感覚を研ぎ澄まし、自分が複雑な生態系の中で多種多様な動植物に囲まれて暮らしていることを思い起こさせてくれる貴重な体験である。

自然と親しむためにできることを紹介しよう。

・朝日と夕日の美しさに感動する
・雲の色と形の変化を観察する
・天気のいい日は戸外で食事をする
・荘厳な森の中でしばらく過ごす
・動植物の生態を観察する
・鳥の鳴き声に耳を傾ける

自然と親しむことは、たいへん有意義な経験である。実際、多くの人が自然とふれあい、全宇宙とのつながりに感動しながら生きている。

**日常生活の中でも、自然と親しむことはできる。そうすれば、感覚がよみがえるのを感じられるだろう。**

# 68 エネルギーを補給する

多くの人は、自分にほとんど何も残らなくなるまで与えて、与えて、与え続けるよう教えられてきた。しかし、これは間違った考え方だ。

仮に自分を容器とみなそう。一日の初め、あなたは愛と時間と能力とエネルギーに満ちている。しかし、しだいにそれらを使い果たし、一日が終わるころには空っぽに近くなる。

どうすればエネルギーを補給できるだろうか？　健康を維持し、休養をとり、リラックスし、趣味を楽しむことだ。そういったポジティブな活動をすればするほど、より早く容器を満たすことができる。

容器の補給を怠ると、どうなるだろうか？　手入れを怠った車と同様、正常に機能しなくなり、やがてダウンしかねない。

与えることがどれほど楽しくても、毎日、自分の精神面のケアをし、そのつど容器を満たすようにしなければ、自分の世話すらできない人間になる。そんなことになれば、他人を助けるどころではなくなってしまうだろう。

**健康を維持し、休養をとり、リラックスし、趣味を楽しむ。そのようにエネルギーを補給しないと、心身が正常に機能しなくなる。**

# 69 ストレスに対処する

ストレスの原因は何だろうか？　基本的にふたつある。いやだけれどもしなければならない仕事を抱えているという現実と、自分にはその仕事がうまくできないかもしれないという不安だ。このふたつは、自分の心がつくり出す牢獄である。

応急処置ではなく、日常的なストレス対策を紹介しよう。

①適切な食事を心がける。健康的な食生活は、ストレスに抵抗するために必要な栄養を摂取するのに役立つ。

②定期的に運動をする。日ごろから適度な運動をするよう心がければ体調管理ができて、あらゆる種類のストレスによりよく対処できるようになる。

③十分な睡眠をとる。しっかり休息をとれば、いかなる試練でも簡単に乗りこえられるくらいのエネルギーが全身にみなぎる。
④課題のリストを作成する。毎晩翌日の課題を重要度順にリストアップしよう。書いて自分に思い起こさせれば、全課題を成し遂げる確率が高まる。
⑤瞑想する。毎日一回か二回、十五分程度の瞑想をすれば、集中力が高まり、心を安定させることができる。
⑥今を生きる。ストレスがたまると今後のことが不安に思えてくる。目の前の課題に集中し、それが終わってから次の課題に取りかかるようにしよう。
⑦ユーモア精神を持つ。笑いは心身の緊張を解きほぐす効果があり、健康の維持・増進に役立つ。

**仕事をしているかぎり、ストレスは必ず感じるものだ。応急処置ではなく、日常的にストレスに対処しよう。**

# 70 新しいアイデアを追求する

可能性を追求しよう！　新しいアイデアを試してみよう！　そのアイデアがうまくいかない理由を探すのではなく、それがうまくいく理由を考えるように、発想を転換することが大切だ。

まず、自分はどのようなアイデアでも実現できると信じよう。あるアイデアが非現実的なように思えるなら、それを実現する方法をまだ知らないだけだ。

多くの人は「自分には創造性がない」と思っているが、それは事実ではない。創造性は誰にでもある。ただ、それを発揮する分野が違うだけだ。作曲をしたり小説を書いたりするのは誰でもできることではないが、身近な物の新しい利用法を思いつくくらいのことなら誰でもできる。

ところが、せっかく創造的なアイデアを思いついても、からかわれるのを恐れて誰にも言わないことが多い。

新しいアイデアを創造することは宝探しのようなものだ。ゴミしか見つからないこともあるかもしれないが、宝物がいとも簡単に見つかることもあるかもしれない。

世の中には、新しいアイデアをからかう人がいっぱいいる。その中の一人になるのではなく、自分で新しいアイデアを創造しよう。現在、私たちが受けている恩恵の多くは、かつては不可能だと考えられていたことなのだ。

他人に惑わされず、自分を信じることが大切なのだ。

**創造性は誰にでもある。可能性を追求しよう。**
**自分はどのようなアイデアでも実現できると信じよう。**

# 71 得意分野に意識を向ける

人生が思いどおりにいかないとき、私たちは自分の能力に自信を失い、「お先真っ暗だ」と悲観する。

しかし、「自分はなんて運が悪いんだ」と嘆いて敗北感に打ちのめされるよりも、自分の得意分野に意識を向けるほうがはるかに建設的である。実際、あなたには多くの得意分野があるはずだ。

椅子に座って紙と筆記用具を用意し、自分の得意分野をリストアップしてみよう。車の運転や料理、楽器の演奏など、自分がうまくできることから書き始めるといい。どんなに些細なことでもいいから、自分が人からほめられたことを思い出してみよう。

少なくとも一枚の紙が埋まるくらいまで書き続けるといい。書き終えたら、リストアップした項目をじっくり眺めてみよう。そうすれば、自分が持っているものを軽視し、持っていないものに意識を向けすぎてきたことに気づくはずだ。

**自分ができないことばかり考えて悲観的になってはいけない。得意分野に意識を向けて、自信を取り戻そう。**

# 72 自分の能力に限界を設けない

私たちは自分の能力を過小評価し、自分を卑下する傾向がある。その結果、働き方や人生観、性格に悪影響をおよぼす。もちろん、誰にでも限界はあるが、その多くは心の中に存在するだけなのだ。

事実を指摘しよう。あなたはまだ一度も使ったことのない能力を持っている。それは自分が思っている以上の大きな能力だ。

あなたは無限の可能性と未開発の才能を持った人物だ。仮に今、行き詰まっているように思えても、それは一時的な状態にすぎない。あなたの未来は果てしなく開かれている。

新しいアイデア、新しい行動、新しい幸せに心を開こう。自分の能力に限界を設定してはいけない。前回よりも少し高いところに目標を設定しよう。あなたは常に最も多くのものを手に入れる価値があるのだ。

**人は自分が思っている以上の大きな能力を持っている。**
**常に前よりも高いところに目標を設定しよう。**

# 73 自分の人生に責任を持つ

人生が思いどおりにいかないとき、私たちはついつい自分以外のものを責めたくなる。自分の人生に責任を持つよりも、「こんなふうになったのは他人や環境のせいだ」と思いたくなるのが人情だ。

しかし、自分の責任を認めないのは間違った姿勢である。自分には責任がないと思い込むと、自分が被害者のように感じ、ますます他人や環境のせいにしてしまう。

たしかに、自分の問題が自分の決定によるものであることを認めるのは困難だ。しかし、それを認めないかぎり、この先もずっと不幸なまま人生を終えることになるだろう。

たいていの場合、自分の身に起こることは、自分がしたことやしなかったことの結果である。私たちはそれをしっかり理解する必要がある。

勇気を出して自分の人生に責任を持とう。そうすれば、自分で将来を切り開いていくことができる。

**人生が思いどおりにいかなくても他人や環境のせいにしないこと。自分の責任を認めれば、新しい人生を切り開くことができる。**

# 74 依存から自分を解放する

簡単に言えば、依存とは自発的意志か強迫観念によって習慣になっている行動のことだ。一般に、依存の強さは、その行動をやめれば生活にどれほど支障をきたすかによって決まる。

私たちはみな、何かに対して依存している。たとえば、タバコ、カフェイン、炭酸飲料、アルコール、ドラッグ。あるいは、仕事や買い物、称賛、さらにはゴシップに対して依存を起こしている人もいる。どうやら、私たちは何事に対しても依存する危険性があるようだ。

一口に依存と言っても、わりと無害なものから、かなり有害なものまでさまざまだ。しかし、わりと無害なように見える依存でも、のめりこむと有害になる恐れがある。最初のうちは自分の行動をコントロールしているように思えても、しばらくすると逆に自分の行動がコントロールされるからだ。

有害な依存におちいっているなら、どうすればいいだろうか？　最も単純明快な対策は、自尊心を育てることだ。自分をもっと愛するようになれば、依存が自虐的であることがわかり、それをやめられるようになる。

そして次に、有害な活動を健全な活動に置き換えることだ。健全な活動はいくらでもある。たとえば、読書、音楽、深呼吸、ヨガ、ウォーキング、サイクリングなどなど。

あなたは選択の自由を持っている。だから、自分の行動にコントロールされるのではなく、自分の行動をコントロールすることを選ぶほうが得策だ。

**自分をもっと愛するようになれば、依存をやめることができる。自分の行動をコントロールしていこう。**

# 75 好奇心を持つ

あなたは退屈しやすいタイプだろうか？　もしそうなら、それは自分に問いかけをしていない証拠だ。私たちの周囲には不思議が満ちあふれている。ほとんどの人がそれに気づかないのは、日々の雑事に振り回され、現実的なことだけに意識を向けているからだ。そろそろ別のことにも好奇心を持ったほうがいい。

好奇心を持つと、どんないいことがあるのだろうか？

①さまざまな知識が得られる
②人生について、より深く知ることができる
③新事実を知ることによって頭の体操になる

④自分の力ではどうしようもないことを心配する時間が減る
⑤子どものころに知っていた驚異の世界を再発見することができる

では、自分にどういう問いかけをすればいいのだろうか？　何でもいい。いつでも周囲を見回せば、好奇心を持ちたくなる新しいことが必ず見つかるはずだ。

好奇心を持ちすぎることはあるだろうか？　それによって生活に支障をきたすなら問題だが、それ以外は問題ない。

何の感動もなく日々を漫然と過ごすのではなく、朝目覚めたときから好奇心を持つようにしよう。一日に少なくとも一つか二つは自分に問いかけをしながら過ごせば、目の前に興味深い世界が広がるだろう。

**私たちの周囲には不思議が満ちあふれている。毎日周囲のものに目を向け、新しい発見をしていこう。**

# 76 自分らしく生きる

一部の人たちは、自分が理想とする生き方を私たちに押しつける。彼らはたいてい、「あなたは私の言うとおりにすればいい」と主張する。着る物、住む場所、乗る車、余暇の使い方などについておせっかいを焼きたがる。そのやり方があまりにも巧妙なので、私たちは理由を問うことなく彼らの言いなりになってしまいやすい。

もしあなたが楽しみのない生活を送っているなら、「自分の思いどおりの生活を送っているか、それとも他人の期待にそって生きているだけか、どちらだろうか？」と自問するといい。もし他人の言いなりになっているために自分の好きな仕事をせず、自分の好きな場所に住まず、自分の好きなことをして余暇を過ごせずにいるなら、「自分にとって最善の決定をくだせるのは誰か？」と自問しよう。もちろんその答えは「自分自身」だ。

他人の言いなりになっているのなら、自分が本当に求めているのは何かをそろそろ考えるべきだ。そして、いったん結論が出たなら、自分がいいと思う決定をくだそう。多くの人は経済的制約のために自分の好きなことができずにいるが、できる範囲で自分らしさを発揮して生きてみよう。

**他人の言いなりになっていると、人生は楽しくなくなる。自分自身の決定に従って、自分らしい生き方をしよう。**

# 6 よい人間関係をつくる

# 77 人が自分と同じルールで生きていると思わない

子どものころに学ぶ大切なことのひとつは、他の人たちとうまくやっていく方法だ。具体的に言うと、正直、公平、思いやり、礼儀、協力、調和、マナー、親切といった数々の素晴らしい資質を身につけることである。

しかし、他の人たちが私たちと同じルールを学んだとはかぎらない。私たちにとって正しいと思えることでも、彼らにとっては間違っていると思えるかもしれないし、その逆もありうる。「誰もが同じルールに従って生きている」と想定すると、重大な問題に直面する恐れがある。

あなたにとっては受け入れられない行動でも、相手にとっては普通のことかもしれない。自分なら絶対にしないからといって、「他の人たちも同じように感じるはずだ」と思ってはいけない。

といっても、この文章の目的は、あなたを被害妄想にすることではなく、「他の人たちがあなたの期待どおりに行動するとはかぎらない」という事実を指摘することだ。誰もが同じルールに従って生きているなら、人生はさぞかし快適だろう。しかし、この世の中ではそういうことはありえない。

人間の多様性を考えると、他の人たちの行動に対してとるべき最も賢明な態度は、心を開いて予想外のことに備えることだ。あなたの行動規範は他の人たちには何の意味もない。彼らは自分なりの行動規範に従って行動するだけなのだ。

**自分の期待どおりに他の人たちが行動するとはかぎらないことを理解しよう。**

# 78 人それぞれ違う考え方があることを理解する

私たちは若ければ若いほど、「ほとんどの人たちは多くの点で自分と似ている」と考えがちである。しかし、それはまったく根拠のない考え方だ。現実はそうではないのに、私たちは「どの人たちも家庭環境や経歴、教育、収入、価値観など多くの点で自分と似通っている」と知らず知らずのうちに思い込んでいる。

人はみな、自分の世界観を子どものころに構築する。この世界観の中で周囲の人々は重要な役割を演じ、私たちはその人々から行動様式や対人関係を学ぶ。

この世界観は影と似ている。どこに行っても、ついてくるからだ。しかし、異なる環境で育った人たちと交わるにつれて、私たちはさまざまな経験をし、自分の世界観を広げていく。

人間の行動は多種多様だから、「他の人たちはみな自分とは違うのだ」と考えておいたほうがいい。異なる環境で育ち、異なる教育を受け、まったく異なる価値観を持っているかもしれないことを認識しておくべきなのだ。

**人はみな、異なっている。そのことを理解したうえで、心を開いて寛容になろう。**

# 79 害がないかぎり、人の行動を変えようとしない

ほとんどの人が、相手に行動を改めるよう要求する「病気」にむしばまれている。この病気の症状は、「相手の行動で気に入らないところがあれば、それを改めるのは相手の義務である」と思い込むことだ。

たとえば、隣でガムをかんでいる人がいるとする。あなたはその音を不快に感じたので、「もしそれを伝えれば、相手はすぐにその行動を改めるはずだ」と思い、相手に伝えた。その結果、相手はあなたに謝ってガムをかむのをやめるかもしれないが、逆にあなたの言葉に反発して、ガムをかみ続けるかもしれない。

このことは興味深い考察につながる。相手が自分の行動を変えるのがむずかしいのと同様、あなたも自分の行動を変えるのがむずかしいということだ。

ここで次の三つのことを心に銘記しよう。

①相手の行動が自分に害をおよぼさないかぎり、相手にその行動を改めるよう要求する権利はない。

②あなたが相手の行動をいやがっている以上に、相手はあなたの行動をいやがっているかもしれない。もし相手があなたに行動を改めるよう要求してこなかったとしたら、それは相手があなたより忍耐力があったからかもしれない。

③おたがいに相手の特定の行動が気に入らなくても、いつでも妥協することができる。

**相手の行動が気に入らなくても、改めさせるのはむずかしい。害がないかぎり変えようとするべきではない。**

# 80 贈り物を喜ぶことを相手に強要しない

気に入らない贈り物、使えない贈り物、ありがたくない贈り物をもらったことは何度くらいあるだろうか？　そんな経験が一度もないのなら、たいへんまれな人だ。

好きになれない贈り物をもらったとき、あなたはどうするか？　相手が「どうでしたか？」と聞いてくるといけないので、あなたは不本意ながら、退屈な本を読み、興味のない絵を壁にかけ、嫌いな食べ物を食べ、気に入らないネクタイをつけたことがあるかもしれない。言い換えれば、あなたがその贈り物を使ったのは、プレッシャーを感じたからだ。

相手をそういう立場に置いてはいけない。今度、あなたが贈り物をするとき、相手がそれをほしがっていることが一〇〇パーセント確信できないかぎり、「お気に召さなければお使いいただく必要はありません」と明言しよう。そうすることで、相手の精神的負担を軽減することができる。

今度、贈り物をするときは、次のような簡潔なメッセージを添えるといい。

「お気に召していただければ幸いです。お気に召さない場合は、何かと交換なさるなり、誰かにお譲りになるなり、捨てるなり、ご自由にしていただいてかまいません」

これは、贈る側と受け取る側の双方にとって気持ちのいい提案の仕方だ。最初、相手はとまどいを感じるかもしれないが、あなたのことを「細かい気くばりができる人」と評価してくれるはずだ。

**贈り物が相手の精神的負担にならないよう、「自由にしていい」というメッセージを伝える。**

# 81 相手の長所に目を向けて、それを伝える

私たちは他人を変えようとすることがよくあるが、たいていの場合、あまりいい結果が得られない。その原因は、相手にとって励みになるものを与えていないことにある。他人を変えることは可能だが、心に銘記すべきことがふたつある。

①相手の長所について指摘すればするほど、その長所は伸びる。相手の長所を認め、それに言及することによって、あなたは相手にその長所を意識させることができる。ほめることはたいへん効果的で、ほめられた相手はますます長所を伸ばそうとする。

②あなたから資質を認められた相手は、「自分にも長所がある」と確信し、あなたに好意を抱く。人は誰でも自分のことをよく思いたがるから、「あなたには優れた資質がある」

と言われれば、それを本気で否定しようとする人はまずいない。

以上のふたつによって、他人を変えることはできる。その力の存在を認識することは、変化を容易にする。ただし、相手を露骨に利用しようとするのは好ましくない。相手が自発的に前向きな気持ちになるような状況をつくり出すことが大切なのだ。

**相手の長所を認めてほめると、その長所は伸び、相手はあなたに好意を抱く。こうしておたがいが利益を得ることができる。**

# 82 目の前の人に注目する

現代人はいつも忙しそうにしているので、相手にほとんど注目していないことが多い。本当に忙しくしているときなどは、相手を人というより目前の課題の達成を妨げる障害物のように思っていることすらあるかもしれない。

次の質問に答えてほしい。ほとんどすべての人が相手に望んでいるが、ほとんどの人が得ていないものとは何か？　答えは「注目」である。

あなたは相手によく思ってほしいだろうか？　もしそうなら、相手にしっかり「注目」することだ。誰と話すときでも、相手の顔を見て、相手の言っていることに集中しよう。

これを習慣にすると、得をすることがいくつかある。たとえば、

①相手はあなたが注目してくれたことに感謝する
②相手はあなたに大切にしてもらったと感じ、あなたを高く評価する
③相手の言葉に耳を傾けることで、相手についてさらに多くを知ることができ、より好ましい人間関係を築くことができる

**どんなに忙しくても相手の顔を見て、言っていることに集中する。これを習慣にすると、いい関係をつくることができる。**

# 83 正直でいられる人間関係を築く

あなたは、友人に向かって本音を言うとどうなるか心配したことがないだろうか？　あなたが相手の意見に反論したら、相手は怒るだろうか？

自己主張を控えるよう家庭でしつけられた人は、「自分が相手と異なる言動をすると、相手は不愉快な思いをするだろう」と思い込んでいる。仲間はずれになるのを恐れるあまり、本音とは裏腹に同意しているふりをすることがよくある。

仲よくやっていくことを優先して自分を抑圧するとどうなるだろうか？　自分の権利、選択、気持ちを犠牲にし、自分の個性を否定してしまう結果、さらに自尊心を損なうことになる。

本当の自分ではないことを要求する人間関係は、間違った人間関係だ。もし友情の代償として自分の個性を抑圧しなければならないなら、それはあまりにも大きな代償と言わざるをえない。よい人間関係は、おたがいに自分らしさを尊重する。あなたは自分をごまかす必要を感じないから、自分にも相手にも正直であり続けることができる。

もし自分の感情や意見を控えて別人のように振る舞うことが習慣になっているなら、今日が自分らしさを主張する最初の日かもしれない。あなたが自分の気持ちに正直になることに対して友人が腹を立てるようなら、その人は真の友人ではない。

**本当の自分を抑圧しなければならない人間関係は間違っている。**
**おたがいに自分らしさを尊重する関係を築くべきだ。**

# 84 誰の前でも自分らしくいる

あなたは毎日、どれくらい多くの人物になるだろうか？　家族といっしょにいるときは第一の人物、仕事をしているときは第二の人物、友人といっしょにいるときは第三の人物、一人でいるときは第四の人物になる。それ以外にもさまざまな人物になるはずだ。

なぜこんなことを指摘するのか？　いっしょにいる相手を変えるたびに、あなたも変わるからだ。周囲の人々の期待にこたえるために、あなたは自分の性格と行動の一部を隠している。ときと場合によっては、これは必要なことである。自分の最悪の欲求と行動をむき出しにして、周囲の人々に大目に見てもらうことはできないからだ。しかし、すべての人に合わせて自分を変えることは好ましくない。そんなことをすれば神経がすり減り、ストレスがたまって疲れ果てるだけだ。

理想的な環境とは、自分がいつも自分らしくあることができる環境だ。しかし、それがいつも可能であるとはかぎらない。可能なのは、あまりにも居心地が悪いために精神的に参ってしまう状況から身を遠ざけることだ。

状況に合わせるために自分の行動を変えなければならないときは注意しよう。さまざまな人間関係に合わせるために自分を修正している度合いと頻度に驚くことだろう。

自分を変えるたびに自分に何をしているかを発見するためには、一日であなたが変わるすべての「人物」をリストアップするといい。そしてそれぞれの下に、その特定の関係の中で避けなければならない行動を書く。そしてそのまた下に、それぞれの役割を演じるために払う精神的代償をリストアップしてみよう。

**人に合わせて自分を変えていると疲れ果ててしまう。自分が演じている役割について検証してみよう。**

# 85 いい友人になるよう努める

誰でも、いい友人がほしいと思っているが、自分がいい友人になるよう努力しているとはかぎらない。いい友人になりたいなら、次の条件を肝に銘じよう。

・自分とは異なる価値観を尊重する。人はみな、考え方が違う。友人が何かを大切にするとき、あなたはその友人の気持ちを大切にしているだろうか?

・友人の人生と幸福に関心を寄せる。あなたは友人の関心事を自分の関心事としてとらえることができるだろうか?

・信頼できる人間になる。信頼のない友情は、もはや友情ではない。真の友人は、信頼の大切さを知っている。

・誠実である。相手が正しいと思ったときに相手を擁護できるか？　相手が間違っていると思ったときに相手にそれを伝えることができるか？
・妥協する。重要な問題については妥協すべきでないが、些細な問題については妥協する必要がある。
・幸せを分かち合う。喜びは、それを分かち合う友人がいて初めて完全になる。
・正直である。友人には絶対にうそをついてはいけない。

もし仮に、友人になることが簡単なら、おそらく誰もが何万人もの友人を持つことができるだろう。しかし、友人になるためには以上の条件を満たさなければならない。まず、自分自身がいい友人になることから始めよう。

**いい友人がほしいと思うなら、まず自分がいい友人になることを心がける。**

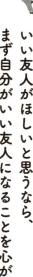

# 86 親切にする

裕福な人たちはさまざまな団体に多額の寄付をすることがよくある。では、お金がない人は裕福な人に比べて、世の中の役に立つ機会が少ないのだろうか？　そんなことはない。お金がなくても、世の中に大きな貢献をすることは誰にでもできるのである。

そのひとつが「親切」だ。親切な行為をするのは簡単である。たとえば、交通渋滞の中で他のクルマを先に通す、明らかに疲れている人に電車やバスで座席を譲る、などなど。それ以外にも、他の人たちが背負っている重荷を少しでも軽くするためにできることはいくらでもある。親切について心に銘記すべきことは何だろう？　それは、「親切は連鎖する」ということだ。あなたが誰かに親切にすれば、その人も誰かに親切にしたくなる。こうして親切の輪が広がるのである。

しかし残念ながら、この世の中には親切よりも不親切が蔓延している。たとえば、待っている人たちの列に割り込む、誰かが乗ろうとして駆け込んでくるのが見えているのにエレベーターのドアを閉める、助けを求めている人がいても救いの手を差し伸べない、他の人たちを押しのけて自分がいいところを独占しようとする、などなど。

不親切について心に銘記すべきことは何か？　それは、「不親切も親切と同様、連鎖する」ということだ。

たいていの場合、親切な行為は、ほんの少しの時間と努力で実行できる。ひとつの親切な行為が連鎖反応を起こして他の親切な行為を生み、親切の輪がどんどん広がるのである。なんと素晴らしいことだろう！

**親切な行為は簡単に実行できる。**
**親切にされた人は自分も親切をしたくなるから、**
**親切の輪は広がっていく。**

# 87 愛を表現する

世の中全体が愛に飢えている。

私たちは「愛されていないと感じているのは自分だけだ」と思っているが、そんなことはない。これはほとんどの人を悩ませている問題なのだ。もしもっとひんぱんに愛を感じて、そのことを表現すれば、私たちが人生で直面する問題は少なくなるはずだ（少なくとも、あまり問題を感じなくなるだろう）。

私たちが愛を感じていないわけではない。問題は、愛を感じているのに、それを内に秘めてしまうことだ。しかし、それはよくない。

そろそろ、やり方を変えてみてはどうだろうか。誰かに愛を感じているときは、それをなんらかの方法で示すのだ。たとえば、愛を言葉で表現することに抵抗がなければ、「君が好きだ」「愛している」などの言葉で愛を伝えるといい。自分で愛を表現する以上に、世の中に愛を増やす、よい方法があるだろうか。

ここで、愛に関する事実を覚えておこう。

①本物の愛は温かくて優しい感情であり、相手に見返りを求めない
②愛の貯蔵庫はいつもいっぱいだから、愛をいくら与えても尽きることはない
③誰かを愛することは、愛されることと同じように喜びに満ちている
④愛は貴いものであり、誰にも気づかれないように秘めておく必要はない
⑤人に愛を与えれば与えるほど、人に愛される存在になる

**愛を感じているのに内に秘めてはいけない。愛を表現する習慣を身につけよう。**

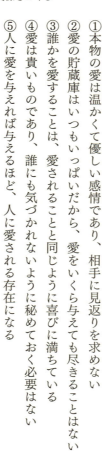

# 88 「ほぼ」完璧なパートナーを見つける

あなたには完璧なパートナーが存在するだろうか？　自分にぴったり合う人が必ず存在するという幻想は、小説や流行歌に広く見られる。一部の人たちはその幻想をさらに延長し、「運命の人」という表現を使っている。

出会った瞬間、おたがいに「この人だ」と思い、電撃的に恋に落ち、結ばれ、添い遂げるという考え方だ。しかし、それはあまり現実的ではない。

パートナーと最高の関係を築くために、次のことをよく覚えておこう。

①自尊心を育てる。双方の自尊心が健全であることを確認しよう。一人の人間としてもパートナーとしても精神的に成熟していることが大切だ。

②相手の不完全さに寛大になる。自分も相手も常に進歩の途上にあり、まだ不完全な人間であることを理解しよう。考え方が一致しないときは、妥協することを学ぶ必要がある。
③柔軟性と順応性を持つ。現実的になろう。自分の思いどおりに相手が変わることを期待してはいけない。相手に合わせる余裕を持つことが大切だ。

完璧なパートナーを探し求めて人生を浪費してはいけない。そんなことをしているうちに、「ほぼ」完璧なパートナーを逃してしまいかねないからだ。

あなたに合う人は、おそらく数多く存在する。完璧なパートナーでなければダメだというのなら、結局、一人も見つけられずに生涯を終えることになるかもしれない。

**完璧なパートナーを探し求めて人生を浪費してはいけない。「ほぼ」完璧なパートナーとおたがいに最高の関係を築く努力をしよう。**

# 89 相手の人生の向上を助ける

恋愛関係を台なしにする要因のひとつは、一方が他方の問題を把握していないことである。そういう事態を避ける方法を紹介しよう。

①おたがいの個人的な問題について週に少なくとも三十分は話し合う
②おたがいが相手の人生を快適にすることに興味を持つ
③話し合うときは、相手を批判したり罵倒したりしない
④相手が自分の問題について話しているときは、その問題を軽減するカギを見つけられるよう話に耳を傾ける

「どうすれば相手の力になれるだろうか？」「相手の生活を快適にするために何ができるだろうか？」という姿勢を持つことが大切だ。

日ごろからそういう姿勢でいれば、ふたつの恩恵に浴することができる。

①おたがいに相手のことがよりよく理解できる
②相手の人生をより快適にする方法が見つかる

ほとんどの人は自分の問題に気をとられるあまり、相手の問題に気がつかないことが多い。相手の問題に気づけば、相手を手助けする方法が見つかる。おたがいに協力し合う精神があれば、相手との関係を深めることができる。

**「相手のために何ができるだろうか？」という姿勢でいれば、関係を深めることができる。**

# 90 心をこめて聞く

　恋愛関係が破綻する主な理由のひとつは、片方か双方が相手の言っていることに耳を貸さないからだ。

　ほとんどの人にとって、聞くことは軽視され、練習不足のために未開発のままになっている。私たちは相手の発言を自分の思考プロセスに取り入れようとせず、すぐにはねのけてしまいがちだ。

　相手の言っていることに耳を傾けないと、次のような不快な結果が待ち受けている。
・自分の人生と恋愛に影響をおよぼすような重要な情報を聞き流してしまう
・相手は自分の発言が無視されると「自分は無視された」と解釈する（実際にそのとおり

だ）

・相手があなたに無視されたと感じると、相手もあなたを無視するようになる

ほとんどの人は自分の感情や考え方を表現するのが好きだが、恋人にこそ自分の話を最も聞いてほしいと思うものだ。相手が自分にとって重要だと思うことを話しているとき、あなたはちゃんと耳を傾けているだろうか、それとも聞いているふりをして別のことを考えているだろうか？

二人の愛を大切にしたいと思うなら、それは重要な問いかけである。

**自分が話してばかりいないで、心をこめて相手の話を聞こう。相手は自分が大切にされていると感じ、二人の愛は深まる。**

# 91 人々に見本を示す

多くの人は人助けが好きだから、他人に対して自発的に手を差し伸べたり献金をしたりする。恵まれていない人たちにとって、こういう支援はありがたいことであり、私たちが時間とお金と情けを持っているなら、人助けを続けることはいいことだ。しかし、他人を助ける方法は他にもうひとつある。そしてそれは非常に重要な方法だ。

自尊心を持っていることは、声を大にして言うようなことではない。しかし、もしあなたが健全な自尊心を持っているなら、人々に見本を示すべきだ。

見本を示して教えることは、人に教える最も効果的な方法のひとつだ。あなたがあなた自身を受け入れていることを見た人たちは、自分を受け入れることの大切さをじかに感じる。あなたが自分の人生に責任を持っている姿を見た人たちは、「自分もこの人を見習おう」という気持ちになる。

あなたが自分の不完全さを受け入れているのを見た人たちは、自分の不完全さを安心して受け入れるようになる。あなたが自分のミスを許し、それから学んでいる姿を見ることによって、人々はよりよい方法で自分のミスに対処するようになる。

あなたが健全な自尊心を持っている人物として見本を示すことで、次々と連鎖反応が起こる。見本を示すことは、それくらい素晴らしい教え方なのだ。

**あなたが健全な自尊心を持っているなら、**
**人々に見本を示そう。**
**それは大きな人助けになる。**

# 92 じっくりと時間をかけて関係を築く

豊かな人間関係は、おいしい料理のようなものだ。適切な材料を組み合わせて時間をかければ味わい深い料理ができるのと同じように、適切な要素がそろえば豊かな人間関係を築くことができる。豊かな人間関係の10の要素を列挙しよう。

①□おたがいに尊敬している
②□おたがいを信頼している
③□おたがいに正直である
④□おたがいの心の支えになれる
⑤□おたがいに対等である

⑥□おたがいをよく理解している
⑦□自由闊達な話し合いができる
⑧□遠慮なく自分の意見を言える
⑨□人間として成長できる
⑩□自分らしくいられる

該当項目をチェックし、1項目につき1点として計算しよう。もちろん10点満点が理想だが、それはきわめてまれだ。6点以下なら何かを変えたほうがいいかもしれない。とはいえ、相手との関係を断つ必要は必ずしもない。

人間関係はじっくり、時間をかけて築いていくべきである。恋愛関係においても同様だ。

**人間関係はじっくりと時間をかけて築く必要がある。適切な要素をひとつずつ満たしていこう。**

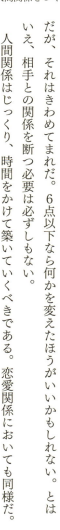

# おわりに

私たちは自分を過小評価する傾向がある。正確な自己評価をせずに、他の人たちの評価を信じてしまいやすいからだ。しかし実際には、私たちはもっともっと大きな存在である。あなたは、他のすべての人たちと同様、自分では気づいていない能力を持っている。「自分のことはもう十分にわかっている」と思っているかもしれないが、あなたの能力はまだほとんど開発されていない。

私たちが自分の素晴らしい能力に気づいていないのは、いったいなぜだろうか？　おそらく、周囲の人々から「君にはたいした才能はないよ」と言われ、あきらめてきたからだろう。

では、自分の才能を見つけるには、どうすればいいのだろうか？　冒険をすればいいのだ。今までと違うことに挑戦しよう。新しい趣味に取り組もう。以前なら想像もしなかったことをしてみよう。心を開いて前向きになろう。新しい考え方を積極的に取り入れ、自分の周りの興味深いことに目を向けよう。人生を冒険と考えよう。

あまりにも多くの人が冒険の楽しさを知らず、自分の能力を存分に発揮していないのは残念なことだ。ある人が「人生は晩餐会のようなものだ」と言ったが、それに参加しようとしない人たちがたくさんいるのは惜しい話だ。さあ、人生が差し出す豪華な料理を味わおう。

ジェリー・ミンチントン

本書は２００４年に弊社が刊行した『心の持ち方』と
２００５年に刊行した『じょうぶな心のつくり方』を
１冊に再編集したものです。

ディスカヴァー携書 149

# 心の持ち方　完全版

発行日　2015年 7 月20日　第 1 刷
　　　　2021年 6 月18日　第34刷

Author　ジェリー・ミンチントン
Translator　弓場　隆
Illustrator　小池アミイゴ
Book Designer　田中正人

Publication　株式会社ディスカヴァー・トゥエンティワン
〒102-0093　東京都千代田区平河町2-16-1 平河町森タワー11F
TEL　03-3237-8321（代表）
FAX　03-3237-8323
http://www.d21.co.jp

Publisher　谷口奈緒美
Editor　藤田浩芳

Store Sales Company
梅本翔太　飯田智樹　古矢薫　佐藤昌幸　青木翔平　青木涼馬
小木曽礼丈　越智佳南子　小山怜那　川本寛子　佐竹祐哉　佐藤淳基
副島杏南　竹内大貴　津野主揮　直林実咲　中西花　野村美空
廣内悠理　高原未来子　井澤徳子　藤井かおり　藤井多穂子
町田加奈子

Online Sales Company
三輪真也　榊原僚　磯部隆　伊東佑真　大崎双葉　川島理　高橋雛乃
滝口景太郎　宮田有利子　八木眸　石橋佐知子

Product Company
大山聡子　大竹朝子　岡本典子　小関勝則　千葉正幸　原典宏　王廳
小田木もも　倉田華　佐々木玲奈　佐藤サラ圭　志摩麻衣　杉田彰子
辰巳佳衣　谷中卓　橋本莉奈　牧野類　三谷祐一　元木優子　安永姫菜
山中麻吏　渡辺基志　安達正　小石亜季　伊藤香　葛目美枝子
鈴木洋子　畑野衣見

Business Solution Company
蛯原昇　安永智洋　志摩晃司　早水真吾　野﨑竜海　野中保奈美
野村美紀　羽地夕夏　林秀樹　三角真穂　南健一　松ノ下直輝
村尾純司

Ebook Company
松原史与志　中島俊平　越野志絵良　斎藤悠人　庄司知世
西川なつか　小田孝文　中澤泰宏　俵敬子

Corporate Design Group
大星多聞　堀部直人　村松伸哉　岡村浩明　井筒浩　井上竜之介
奥田千晶　田中亜紀　福永友紀　山田諭志　池田望　石光まゆ子
齋藤朋子　福田章平　丸山香織　宮崎陽子　岩城萌花　内堀瑞穂
大竹美和　巽菜香　田中真悠　田山礼真　常角洋　永尾祐人　平池輝
星明里　松川実夏　森脇隆登

Proofreader　文字工房燦光
DTP　株式会社RUHIA
Printing　中央精版印刷株式会社



携書ロゴ：長坂勇司
携書フォーマット：石間　淳